L'ÉPOQUE ACTUELLE,

PAR

L'Ex-Vicomte DE KERVILY.

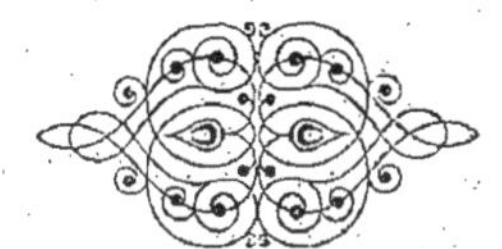

PARIS.

CHEZ CH. MICOLCI, ÉDITEUR,
quai des Orfèvres, 54.

1848.

Paris. — Imp. de J.-B. Gros, rue du Foin-St-Jacques, 18.

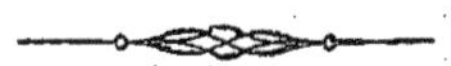

Un vrai citoyen n'a qu'une manière d'écrire digne pour lui et utile pour son pays, c'est librement, complètement, comme il pense, et c'est ainsi que je vais le faire.

Entre les publications qui naguères flattaient les rois et celles qui aujourd'hui flattent le peuple, ce livre prendra place sur le terrain déserté de l'impartialité et de la justice ; et ce mérite seul, à défaut d'autre, devra suffire à le recommander à mes concitoyens, car la qualité la plus rare chez nos écrivains du jour, c'est le courage de la vérité et des sentiments intimes. On n'exprime pas ce que l'on pense, mais ce qui peut le plus rapporter en profits immédiats et de toutes sortes, en bénédictions aveugles, en popularité éphémère, en puissance et même en argent ; ce qui n'est pas plus dédaigné des courtisans démocrates que des courtisans royaux, bien au contraire.

Du moment où nos hommes influents prendraient la détermination d'être vrais, la nation serait bien près d'être libre ; c'est donc un bon exemple à donner et je le donne.

L'ÉPOQUE ACTUELLE.

—◦◈◦—

PREMIÈRE PARTIE.

—

DE L'ÉTAT ACTUEL DE LA SOCIÉTÉ.

J'entre brusquement en matière en demandant si c'est bien de la constitution future et de la forme extérieure du gouvernement que la France est actuellement le plus en souci ? Non ! regardant son avenir avec des yeux inquiets et une physionomie douloureusement tendue, par l'interrogation du doute et de l'incertitude, attristée de sinistres pressentiments, elle ne se rassure pas à la nouvelle de ces solutions prochaines, elle persiste dans son anxiété fébrile, dans sa *déconfiance*, et elle a raison.

Tout a été dit et essayé dans son sein en fait de constitutions et de formes gouvernementales, sans que le bien-être et le bonheur, toujours amplement promis la veille, lui aient été donnés le lendemain, et, bien que ne sachant pas quelle sera la formule de son salut, elle paraît sentir enfin, si elle ne le comprend ni ne l'indique encore clairement, que des

chartes, des constitutions, des déclarations de droit,
ne sont que des abstractions vaines, si l'on n'en a les
principes au cœur et si elles ne sont pratiquées dans
ce qu'elles ont d'imprescriptiblement bon; que de
déplorables mots de ralliement pour les agitateurs, les
méchants citoyens, dans ce qu'elles ont de sophisti-
que, d'essentiellement faux ou irréalisable. Elle sent
et avec humiliation pour sa sagacité tardive, qu'elle
est dupe de tous ces audacieux charlatans à qui elle
permet, pourvu qu'ils intitulent leur *orviétan « bonheur démocratique, »* de bouleverser périodiquement
l'État, de jouer avec le bien-être et la vraie liberté du
peuple et d'expérimenter sur celui-ci les utopies les plus
folles, impitoyablement, impudemment, comme les
médecins expérimentent un remède nouveau et dou-
teux *in animâ vili.* Elle sent que le mouvement de la
société doit être collectif, porté en avant et non se
retournant sur lui-même pour consommer le suicide
de la nation par les mains d'une partie des citoyens
hideusement surexcités contre les autres; que le véritable progrès social est aussi celui de l'humanité et
que, par conséquent, il ne saurait consister dans la
réalisation (à supposer qu'elle fût possible) de ces
sociétés imaginaires, tirées au cordeau, édifiées à
l'équerre et au compas, réduites aux dimensions des
petites imaginations de leurs petits organisateurs, et
dans lesquelles ne pourrait être renfermée la société

existante que par dislocation ou par dépression violentes, par le dépérissement systématique des parties
laissées en dehors ou par l'appauvrissement de la
vitalité , l'étranglement du développement total sous
la pression de barbares formes et de stupides limites ar-
tificielles. La France doit en conclure que c'est de l'État
actuel qu'il faut partir non pour détruire, mais pour
améliorer, pour faire avancer la société entière sans
catégorie envieuse ou enviée, vers ses destinées futu-
res, dans toute la force, l'ampleur de son mouvement
dans toute la liberté et la variété de ses modes. Et en
effet, il n'y a de progrès salutaire que celui qui a été
déterminé ou qu'on détermine dans les idées et les
mœurs de la société avant d'en formuler la loi. Imposer à une nation des formes sociales ou politiques
qui ne lui conviennent pas, qui lui sont antipathiques;
la surexciter par des idées pour lesquelles elle n'est
pas mûre et la contraindre aux institutions qu'elles
exigent, c'est l'outrager, c'est la violenter, c'est user
à son égard du despotisme le plus effronté et le plus
détestable, et c'est essentiellement lui nuire., quelque
bonnes même que puissent être ces formes chez d'autres peuples ou quelque justes qu'elles puissent
sembler à ne les considérer qu'abstractivement.
Il n'y a pas de bonté uniquement théorique pour les
institutions humaines ; elle est nécessairement rela-
tive et en rapport avec l'avantage et la possibilité de

l'application, et c'est toujours dans les vêtements
spécialement adaptés à leur taille, à leurs habitudes,
à leur âge, que les nations, comme les individus, se
meuvent avec le plus d'aisance et de vigueur. En un
mot, des cadres d'institutions libérales, même
calquées exactement sur l'état général des mœurs et
des propensions, ne sauraient être efficaces que remplis par de pures et belles incarnations de ces mœurs,
par des apôtres sincères, consciencieux et résolus à
agir et à marcher invariablement dans le sens de
leurs convictions; car, sous peine d'anarchie, le pouvoir doit avoir de puissants moyens d'ascendant et
d'action sur les administrés, et il n'y a que la moralité
et le civisme dans ses dépositaires qui puissent diriger cet ascendant et l'empêcher de dégénérer en oppression. Vous n'obtiendrez jamais cela de simples
combinaisons politiques et de contre-balancement
d'intérêts quelconques, et voilà l'erreur fondamentale des législateurs modernes qui a rendu leur
œuvre périssable; voilà l'erreur d'où ne paraissent
pas vouloir sortir nos prétendus réformateurs actuels,
celle d'avoir fondé et bâti leur édifice public avec les
seuls intérêts sans le concours de la morale, qui est
l'unique base inébranlable et l'unique ciment solide
des sociétés.

Le jour où la nation aura fait corps avec ces vérités primordiales, le jour où elle renoncera défini-

tivement à la sottise impie de laisser des nains à
cerveau malade essayer d'intercaler leur œuvre ridicule dans l'œuvre de Dieu qui est la grande humanité, ce jour sera celui de sa libération véritable,
celui de sa marche majestueuse et irrésistible vers des
destinées bénies et incessamment ascensionnelles.

Oui, l'oubli de la morale dans les principes, l'af-
franchissement de la moralité dans les actes, voilà
notre crime à tous tant que nous sommes enfants
hauts ou bas, privilégiés ou disgraciés, riches ou
pauvres, des incrédules et des athées du dix-huitième
siècle ; voilà le crime que nous paraissons n'avoir
pas encore suffisamment expié par soixante ans de
révolutions, de massacres et de discordes ; voilà le
crime qui pèse comme du plomb sur nos têtes et
sous le fardeau duquel nous nous agitons et nous
nous entretuons, recherchant vainement le bonheur
et la paix de révolte en révolte.

Oh ! mes compatriotes ! que l'héritage de ce siècle
démolisseur qui n'a cherché que dans les décombres
les parcelles d'or qu'il nous a léguées nous est rude
encore aujourd'hui à trier et à épurer de son al-
liage ! et combien au résultat doit-il tromper notre
espoir ! combien de grandes, d'irréparables ruines
pour quelques salutaires principes ! combien de sé-
cheresse au cœur pour quelque rectification dans
l'esprit ! Oui, des préjugés ont été effacés, mais c'est

au prix de toutes les bonnes croyances ; le fanatisme a disparu, mais c'est avec toutes les passions fortes ; l'absolutisme est tombé, mais c'est avec les vastes projets, la ferme volonté et les moyens d'exécution des grandes choses ; les chaînes de l'intelligence ont été brisées ou écartées, mais elles ont emporté avec elles tous les freins salutaires ; des idoles de mensonge ont été abattues, des respects excessifs et absurdes se sont évanouis ; mais maintenant que vénérons-nous ? que n'avons - nous pas foulé, que ne foulerions-nous pas sous nos pieds ?

Et moi qui aime véritablement le peuple, puisqu'avec le cœur plein de ses douleurs et une âme dévouée à son bien, je ne le flatte ni ne veux lui cacher ses fautes et ses erreurs immenses, souvent hideuses, c'est ce dix-huitième siècle que je maudis, que je l'exhorte à maudire avec moi ; car il est la fatale date de ses malheurs, ou du moins de la perception désastreuse et sans espérance qu'on lui a appris à en avoir. Le navire national était mal construit, mal emménagé, il était mal commandé et l'équipage y souffrait injustement, cruellement parfois ; mais au moins y avait-il une boussole dont les chefs savaient et auraient pu se servir pour le diriger au port. De misérables ambitieux, sans amour de l'humanité, non plus de celle qui était au-dessous que de celle qui était au-dessus d'eux,

exploitant les emportements irréfléchis et les ani-
mosités exagérées de la souffrance, en même
temps que l'envieuse vanité de l'ignorance dépravée
par de faux éloges, soulevèrent violemment les subordonnés contre les directeurs et les poussèrent dans
l'ivresse et la rage de leurs colères et de leur enor-
gueillissement, jusqu'à précipiter dans les flots ces
supérieurs et à dévaster, démolir de fond en comble,
sans discernement, les places qu'ils avaient occupées.
Mais sous ces ruines disparut la boussole ; avec les
victimes s'engloutit le secret des voies et des fins tra-
ditionnelles, et depuis lors, c'est pitié, profonde
pitié, de voir notre pauvre navire portant sa grande
masse à l'aventure sur l'océan des âges, s'usant à
tourner et retourner violemment sur lui-même sans
suivre longtemps et hardiment aucune route ; c'est
profonde pitié de voir son malheureux équipage s'a-
gitant, se révoltant, se consumant en impuissants
efforts et, dans la fièvre brûlante de ses misères, dans
son ardente soif de reconfort et de rétablissement,
prêtant l'oreille à toute perfide promesse de salut et
bâtissant de ses mains frémissantes de désir, avec
l'activité d'une impatience inouïe, le trône de ces
faux sauveurs dont il n'est que le soldat bientôt désil-
lusionné, sinon dédaigné et opprimé après la victoire.
Et, à chaque nouvelle épreuve manquée, quel acca-
blement ! quel désespoir ! Oh ! vous qui pouvez spé-

culer sur les tortures du peuple pour votre fortune particulière, que vous êtes infâmes! et vous qui lui faites si légèrement servir d'instrument et de sujet d'essai à vos systèmes déraisonnables, que vous êtes barbares!

Parmi tant de publications qui nous poussent au combat, qui toutes basent leurs systèmes sur des proscriptions, des excitations à la haine ou au mépris de catégories de citoyens, qui nous indisposent et nous soulèvent les uns contre les autres, où trouver donc un principe de ralliement qui nous tranquillise, nous apaise et nous permette de marcher en masse au bonheur? Je l'ai vainement cherché, et sous le charlatanisme des mots de démocratie, de fraternité, d'association, je n'ai vu en effet partout qu'exploitation égoïste, que division haineuse et antagonisme perpétuel.

Voilà les conséquences de tous nos systèmes, et même plus, voilà l'esprit de toutes nos institutions politiques jusqu'à ce jour. Constamment établies en vue des nécessités d'un moment, ou d'un but principal à obtenir, aucune n'a satisfait à l'universalité des besoins, n'a protégé assez également tous les intérêts actuels, ni prévu les futurs. Aucune n'a suffisamment consacré leur moyen d'acceptation et de garantie dans la constitution et le domaine social, de sorte que, soit que cette nécessité du moment ait passé, soit que le but principal ait été atteint, les ressorts des constitutions se sont distendus, les intérêts imprévus, oubliés ou lésés, ont grandi, se sont fait jour et sont arrivés à leur tour, à dominer et à déterminer des formes nouvelles aussi partielles et aussi défectueuses que les autres et qu'attend le même sort. Peuples, rois, bourgeois, nobles, prêtres, tous se pervertissent et deviennent intolérants et exclusifs dans le triomphe, tous en abusent et se font abhorrer, tous déblaient de leurs propres mains la place à leurs adversaires.

Il est cependant impossible de croire que ces révolutions successives par lesquelles la tyrannie ne fait que passer d'une classe à l'autre et où une partie n'est heureuse qu'en opprimant et abaissant tout le reste, soient le mode nécessaire des progrès de l'humanité. La vraie politique doit être plus large et plus fraternelle que ce système d'exclusion haineuse et d'injustice. C'est en nous tenant par la main, c'est tous ensemble que nous devons gravir la montagne qui nous cache les champs de l'avenir et ce sont des hommages unanimes de reconnaissance que Dieu veut, aussitôt que leur nouvelle et plus grande fertilité frappera les regards, de même que c'est toute la création qui est appelée de concert à saluer chaque matin le retour de la lumière. Ceux des degrés élevés, des rangs avancés, à qui il est donné de les apercevoir les premiers,

doivent aider les autres à se hâter et à arriver jouir au
même lieu, comme les pères s'empressent d'élever
sur leurs bras leurs enfants, afin de leur montrer un
spectacle qu'ils sont trop petits pour voir d'eux-mêmes.

Eh bien ! ce sont ces guides que le dix-huitième
siècle nous a si fatalement inspiré de méconnaître, ce
sont ces bonnes voies, du secret desquelles le respec
des saines et éternelles traditions des peuples bien
plus encore que leur propre génie, les rendaient dépositaires, qu'il nous a fait oublier. L'envieux orgueil
et la présomption de notre ignorance, voilà ce que
des natures en révolte ou des ambitieux barbares n'ont
que trop habilement exploité contre tous les grands
principes, toutes les grandes autorités tutélaires des
sociétés, c'est-à-dire en définitive contre nous-mêmes;
et pour avoir éteint à leur instigation les lumières sé-
culaires, nous voilà aujourd'hui, dans notre obscurité, devenus la proie de tout intrigant qui peut faire
miroiter à nos yeux la plus éphémère et la plus trom-
peuse lueur, alors même que nous savons qu'il n'en
prend la flamme qu'au bûcher des dépouilles de nos
frères !

Nous avons décomposé les forces de la nation, détruit tous les classements, rompu tous les liens réguliers, nécessaires de la société; nous avons dédai-
gneusement répudié les résultats acquis et dispersé le
faisceau des gloires et des traditions nationales; nous

avons rompu la chaîne des époques françaises et
anéanti la patrie pour laisser chacun, livré à lui-même
et au trouble de ses instincts et de sa raison confuse,
recommencer sa vie, avec ses seules forces naturelles,
au plus bas de l'échelle de la civilisation ; et c'est là ce
que l'on ose appeler du progrès ! Nous trions des citoyens, nous mutilons la famille publique, nous en
excitons, par des calomnies ou de fausses doctrines,
les membres les uns contre les autres et, de même
qu'une classe nous a tyrannisés au nom de la puissance de la richesse, nous prétendons la tyranniser à
notre tour au nom de la puissance de la misère, et
c'est là ce que l'on ose appeler de la fraternité ! Im-
pudence inouïe ! oui, c'est de la fraternité, mais à la
façon de celle d'Abel et Caïn, comme on l'avait déjà
remarqué à la première révolution. Du reste, le sentiment de la fraternité, même bien compris, ne suffi-
rait pas pour le bon établissement et la marche de la
société ; il y faudrait admettre aussi ce que j'appelle-
rai, en continuant l'image, la sentiment de la paternité. Les grands génies en tous genres, les bons mo-
ralistes et les praticants par excellence de leurs doctrines, seront toujours, quoi qu'on prétende, plutôt
les pères que les frères de la patrie, et il est plus facile
de se décréter d'un trait de plume une parfaite égalité avec eux que de la réaliser et même d'y croire
intérieurement.

Il n'en est pas moins vrai cependant que c'est de ce misérable sophisme, à tous degrés ridicule et insoutenable, qu'ont découlé torrentiellement sur nous tous les maux, et l'on doit voir, par ce que nous souffrons depuis que notre aveugle orgueil l'a adopté en symbole, de combien de tourments et de calamités un peuple peut être amené à payer une pensée rebelle, une folle prétention de son envie.

En effet, ce sophisme, qui est puissant de toute la puissance du mal dans notre nature défrénée, portait dans ses flancs les deux principes les plus actifs de di-solution sociale : l'extravagante infatuation de la sagesse et du droit individuels, aux dépens de toute autorité collective supérieure et de tous principes essentiels de solidarité, obligeant tout le monde, l'humanité même, à leurs règles et à leurs enseignements; et la convoitise sans scrupule, sans limites et par conséquent, sans assouvissement possible.

Auparavant, alors qu'on daignait reconnaître des supériorités sociales salutaires, nécessaires comme phares pour la multitude, et des principes traditionnels de foi, de charité, de juste respect et d'espérance, qu'on ne se croyait pas en droit de dénier virtuellement et de mépriser lorsqu'on ne les pratiquait pas, les chefs d'intelligence et de fortune dans la nation se tenaient pour obligés d'aider l'humanité dans l'homme lui-même; et, si l'omission de ce devoir était fré-

quente, au moins pesait-elle sur la conscience comme
un remords. Mais, dès qu'on fut parvenu à faire
adopter au pauvre peuple, d'enthousiasme et comme
la pierre philosophale reconquise, cet alléchant, mais
perfide dogme de l'égalité, qui ne peut être vrai que
devant Dieu au ciel et la justice distributive sur la
terre, et qui n'a jamais été plus éloigné en fait que
depuis qu'il a été reconnu en droit ; dès que le monument national des croyances, sapé pendant tout un
siècle avec un aveugle acharnement par des philosophes sans philosophie, se fut écroulé, et que les sentiments religieux qui le constituaient furent anéantis
ou éparpillés çà et là au sein de quelques bonnes familles ; dès que l'incrédulité ou du moins l'indifférence, d'un si bel air, fut devenue générale et qu'on
se fut habitué à s'enorgueillir de ne placer que dans
ce monde son but, sa confiance et son espoir; dès qu'en
un mot, on fut parvenu à faire prendre aux enfants
gonflés de présomption, les lisières qui aidaient leur
marche pour d'humiliantes entraves, et que chacun fut rendu ou plutôt réduit en toute indépendance à ses propres forces ; dès cette époque à jamais maudite, la charité s'enfuit de notre terre, les
faibles et les malheureux furent orphelins, seuls avec
leurs souffrances ; dès cette époque commença l'effroyable broiement des générations inférieures sous
les chars fougueux des habiles impitoyables courant

à la fortune, et ainsi, dès le moment de l'ivresse coupable, dès le moment de la faute, apparut la rude expiation. Dans ce champ sans limites, ouvert en tous sens à chaque ambition individuelle, l'habileté, l'activité, le talent, dégagés de la gêne et du frein des scrupules, furent certains de la victoire. Et quels scrupules auraient-ils eus? ils ne croyaient plus qu'aux avantages positifs de cette vie, et leurs succès y étaient la conséquence de cette conquête si hautaine, si désirée, si prônée, de la rentrée de chaque individu dans la plénitude de sa liberté et de ses droits ; conquête qu'on n'ose pas encore déplorer aujourd'hui, malgré le cruel ressentiment de la duperie de ses promesses, malgré la conscience que l'on a de sa trop funeste vanité ; tant il est difficile à notre orgueilleuse nature de convenir des erreurs et des folles prétentions de son amour-propre.

Et cependant, je le dis en toute conviction, le salut du monde est désormais dans un acte d'humilité, et non dans la continuation de l'acte d'orgueil que nous accomplissons depuis soixante ans.

Nous avons insolemment rejeté l'aide d'une humanité incarnée, accessible à nos plaintes et consciencieusement obligée à l'allègement de nos peines ; nous avons consenti avec des transports de joie, à la remplacer par une humanité de papier, par la lettre morte. Tant que nous ne résilierons pas cet échange,

qu'aurons-nous à réclamer ? nous sommes misérables !
nous écrierons-nous ; oui, mais nous sommes libres,
lisons nos charte ; nous sommes barbarement délaissés ! oui, mais nous ne sommes plus des sujets,
nous sommes des citoyens ; nous sommes distancés,
écrasés, exploités par les riches et les habiles ! oui,
mais nous sommes leurs égaux, ils ne sont, ne peuvent être que nos égaux, quelqu'absurde que cela
paraisse ; ils ne nous doivent donc rien, chaque citoyen
véritable doit se suffire ; nous sommes sans résigna-
tion dans nos maux, sans guides dans nos principes,
sans espoir dans l'avenir ! oui, mais nous raillons
d'un air capable la providence et nous ne croyons
plus en Dieu, en Dieu appréciateur et rémunérateur ;
nous renions fièrement sa puissance, à lui aussi,
sur le monde.

Pitoyables orgueilleux que nous sommes ! repous-
sant ou méconnaissant les lois que Dieu avait données
à l'humanité et dont il avait gravé les prescriptions
dans les consciences et dans les cœurs, nous avons
osé prétendre à les remplacer par les nôtres, miséra-
blement emphatiques, que nous avons sèchement dé-
posées dans de froides et stériles proclamations ; et,
devant ces inanimés, ces insensibles matériaux du
moderne monument de nos vanités, qui est ici-bas
la réalisation de l'enfer de l'ange déchu en rébellion d'envie contre l'ouvrage du Créateur, je me suis

glacé d'effroi et navré d'une immense tristesse, car à
son frontispice j'ai vu écrit aussi, comme au frontispice de celui du Dante : Ici plus de charité, plus
d'espérance !

Oh, organisateurs modernes ! vos essais sociaux sont
horribles ! les lumières que vous répandez dans le
peuple doivent être maudites ; c'est le feu que vous
avez attisé au sein de la maison pour la consumer ;
ce sont les frénésies du désespoir que vous avez sus-
citées au cœur de misérables qui avaient déjà bien
assez du propre poids de leurs peines et par lesquelles vous avez bouleversé des âmes qui sans vous
se seraient résignées à leur sort ; ce sont des ambitions
impies que vous avez excitées, qui flétrissent la conscience, seule richesse du pauvre, et qui le dépossè-
dent même de la croyance en son Dieu ! Les traits
hâves et tirés par l'âpre soif des convoitises et des
désirs, il a l'œil fixe sur les jouissances de la terre
dont uniquement désormais, il espère le bonheur ;
et, repoussé impitoyablement du banquet, il s'épuise
en blasphèmes contre ce Dieu qu'il a oublié, contre
cette société par laquelle il a pensé le remplacer,
contre lui-même qui, sans ressources, sans appui,
sans confiance, se trouve seul, bourrelé par la dés-
illusion, les doutes, la misère, la terreur et les
remords. De grâce donc ! que l'homme soit protégé
par l'homme, par quelque chose qui peut avoir cœur,

pitié, et non par vos lois et vos arides déclarations
de droit dont vous êtes si fiers et qui ne sont cependant
dant que : de l'humanité dans les écrits, pour vous dispenser
penser d'en mettre dans la conduite ; que des concessions
sions méthaphysiques excessives par lesquelles vous
reconnaissez des droits à tout, pour n'aider à rien
par vous-mêmes et, après lesquelles, vous croyez
pouvoir contempler dans une immobilité et une insensibilité
sensibilité complètes, du sommet où le sort vous
plaça, sinon où votre habileté vous fit parvenir,
les efforts de ceux qui, altérés d'envie par vos doctrines
trines perfides et talonnés par la misère, aspirent
aussi à gravir l'escarpement et à atteindre le faîte.
Les malheureux! harassés, rendus de lassitude, désespérés
pérés de l'inutilité de leurs luttes ou trop pressés sur
les degrés de plus en plus étroits, ils sont repoussés
en dehors et roulent se perdre dans la boue qui ne
cesse de s'amasser au bas de l'édifice social sans que
vous l'enleviez jamais.

Et encore cependant, philosophes du siècle passé,
n'êtes-vous pas les plus coupables! Vous ne prévoyiez
certainement pas les conséquences de vos doctrines,
quelque directes et fatalement nécessaires qu'elles
fussent ; et c'est précisément quand tout le droit,
avec le plus simple bénéfice de son exercice, est dénié,
nié, que l'on est enclin à s'en exagérer dans l'imagination
nation la mesure et le bienfait.

Les grands coupables sont nos rudes agitateurs d'aujourd'hui qui, exploitant, pêle-mêle, les passions perverses des natures avilies et les exaspérations si concevables, quoique si funestes, les défiances et les haines injustes d'une misère dont les fausses doctrines seules, et non les individus, ont été les causes et les complices, poussent le peuple à la spoliation de ceux qui possèdent quelques avantages sociaux, avantages qui sont, à ce qu'il paraît, des usurpations iniques dans d'autres mains que les leurs. Voyez, Sire, ces champs, ces troupeaux, ces maisons, ces palais, ces richesses, ces hommes, oui ces hommes même; tout cela est à vous, vous pouvez en disposer à votre gré et ce n'est que par pure grâce, pure générosité de votre nature magnanime, que vous laissez vivre et prospérer cette paysantaille et tous ces vassaux sur vos domaines, disait un courtisan à une majesté encore en jacquette. La chose fut trouvée et à bon droit certes, fort hideuse; mais que disent donc de moins aujourd'hui nos courtisans plébéiens à sa majesté en guenilles? Il n'y a, à la honte de notre âge, que la différence d'une folle mais vaine flatterie, à une instigation sérieuse et en atroce voie d'exécution!

Pauvre humanité! pauvre logique! excellente contre les extravagances d'autrui, absurde contre les nôtres!

—❦—

DEUXIÈME PARTIE.

DES DOCTRINES NOUVELLES.

J'ai quelque difficulté, je l'avouerai nettement, à croire à la bonne foi de la plupart des apôtres des doctrines perturbatrices du jour, et cette hésitation prouvera à leurs yeux mêmes, j'en suis sûr, plus en faveur de mon bon sens que contre ma tolérance. S'il y en a parmi eux de sincères, comme malgré tout il m'est doux pour l'honneur du caractère humain de l'admettre, ce ne peut être que des imaginations et des sensibilités incomplètes qui ont divinisé les souffrances inférieures par lesquelles elles ont été plus particulièrement impressionnées et qui ont abondé dans le sens de l'infortune la plus frappante. Mais alors leurs doctrines, d'un fanatisme et d'un zèle farouches, n'ont pu fermenter si violemment et prendre des couleurs si sombres, arriver à des conséquences si raides et à travers tant de cris, tant de réclamations, tant de désastres si impitoyables, que dans des esprits qui, longuement concentrés sur le même ordre de sensations, finissent par s'en saturer exclusivement. Elles n'ont pu être si absolument acceptées que dans des rêveries solitaires et des systèmes idéaux dont on a, sous le régime déchu, fort imprudemment comprimé le libre développement et la complète expression; car toutes les monstrueuses erreurs, toutes les iniquités qu'ils recèlent auraient apparu et auraient été triées au crible de la discussion, et la rigidité de leurs déductions abstraites aurait fléchi et se serait émoussée au contact des faits et des possibilités de réalisation. Mais, s'il est certain qu'il faudrait tenir exact compte de ces particularités pour apprécier les individus, ce que je n'ai ni ne prends la mission de faire, il est tout aussi indubitable qu'elles deviennent inutiles pour juger les doctrines, et c'est ce que j'entreprends, non pas encore dans toutes les variétés de leur exposition, mais surtout dans l'ouvrage qui leur a valu le plus de retentissement, dans l'ouvrage de M. Louis Blanc. Aussi bien, l'examen des autres publications serait-il à peu près inutile, car le principe fondamental de l'école est unique, et il n'y a de différence que dans la forme et dans les détails d'exécution et de moyens à employer pour arriver au but : et ce principe lui-même n'est que le plagiat du fameux sophisme de Sieyès, appliqué au bas peuple. « Qu'est-ce que le tiers-état en droit ? s'écriait-il au commencement de sa brochure ; tout. Qu'est-il en fait ? rien ; de là l'immoralité et l'injustice de l'organisation sociale ; de là la nécessité d'un remaniement. » Depuis que le tiers-état est devenu bourgeoisie, l'application de la maxime a changé et l'on a dit : Qu'est-ce que le peuple, en droit ? tout ; qu'est-il en fait ? rien, etc. Eh bien, le sophisme est aussi complet et l'exagération au moins aussi hyperbolique sous cette forme que sous l'autre. Dans une nation, ce n'est pas le peuple, ce n'est pas le tiers-état, ce n'est pas l'aristocratie terrienne ou commerciale, ce n'est pas le clergé qui est *tout ;* c'est cela réuni, qui est *tout.* En 1789, le tiers-état était immensément plus que rien ; en 1848, depuis février surtout, il serait par trop audacieux de dire que le peuple n'est rien ; il est infiniment trop pour le reste des citoyens et pour son propre bien ; et il aspire, il s'essaie à devenir bien davantage encore.

Je ne perdrai pas mon temps à développer de telles évidences, je me contenterai d'arracher le voile qui les obscurcit ou les colore faussement dans le livre de l'*Organisation du travail ;* et encore ne m'occu-

perai-je pas de ce qui y est définitivement jugé et condamné par l'opinion publique, de son mode particulier de réalisation.

Je n'écris pas pour donner le coup de grâce à un
moribond, et je ne cherche à réfuter que les assertions et les promesses qui pourraient avoir quelqu'influence sur des esprits honnêtes et sérieux et dont les
apparences pernicieusement attrayantes pourraient
les tromper et les engager à l'essai ; mais je le défie
de faire accepter pendant vingt-quatre heures, son
établissement d'atelier social, à égalité de salaire, par
les ouvriers eux-mêmes, ailleurs que dans la salle de
déclamation du Luxembourg. Et d'un autre côté, je
me trouverais ridicule si je craignais de voir notre
société française, nos campagnards, nos propriétaires,
nos artistes, nos poètes, dont les conditions d'existence, de développement, sont si essentiellement dans
la variété infinie de l'exercice de leur liberté individuelle, venir se fourrer dans cette longue et monotone
souricière, s'enrôler dans les ouvriers égalitaires et
prendre leur cellule dans le pénitentiaire de M. Louis
Blanc, en s'y réduisant à la portion congrue et s'y
soumettant à la stricte observance de la règle. Quelle
étrange maison, Monsieur, vous avez été nous bâtir ;
et quels étranges ébats vous avez été nous imaginer
là ! Eh ! de grâce, remarquez-le, la France n'est pas
toute faite de filateurs de soie ou de coton, d'ouvriers

drapiers, de forgerons, de fermiers-modèles, qu'on pourrait à la rigueur enrégimenter et condamner à entrer dans le couloir de votre maussade prison. Il s'y trouve des hommes libres, des penseurs, des rêveurs, des désœuvrés comme vous quand vous faisiez vos livres, de sublimes et salutaires paresseux qui vous riront au nez quand vous leur montrerez votre guichet, et qui vous diront peut-être en langage vulgaire, mais juste, que chacun doit pouvoir faire son lit à sa guise, manger à son heure et à sa façon, voyager où il lui plaît, sans permission du geôlier, (c'est bien assez déjà des passeports), et réaliser ses plus singulières fantaisies, pourvu qu'elles ne nuisent pas à autrui. Car enfin c'est cette infinité de goûts, de modes d'être et de faire qui constitue la beauté, l'originalité, l'attrait et l'entière expansion du mouvement humain, et qui est la source du bien-être et de la prospérité même des travailleurs auxquels vous semblez penser de préférence. Vous n'aurez pas un seul locataire dans votre hôtellerie, elle est trop triste, trop cénobitique et n'a pas de vue.

Oh! ce n'est pas avec de telles pauvretés que l'on soulève même des ouvriers affamés par centaines de mille et s'il n'y avait que ce ridicule roman dans le livre de l'*Organisation*, il n'aurait été lu que par surprise et aurait été rejeté et oublié sur l'heure. Malheureusement on y trouve encore à fortes doses, ces principes opiacés

qui endorment si fatalement la conscience du bien
et du mal, du permis et du défendu chez le pauvre,
tout en l'affolant d'imaginations féeriques et de vains
rêves éblouissants dont l'enivrante surexcitation, si
elle ne suffit pas à bouleverser de fond en comble la
société qui, comme l'Église, est impérissable, du
moins la tient en inquiétude, la trouble, la mutile,
l'entr'ouvre, et dans la fissure, imprime parfois un
élan assez fort pour pousser jusqu'au sommet les détestables excitateurs.

Dès qu'ils y sont, l'échelle est tirée; la place est
bonne, ils y restent et montrent les dents aux traî-
nards. Ce n'est pas là encore le plus grand mal de
ces enseignements dissolvants; s'ils ne devaient servir que pour un assaut, on s'en consolerait; mais ils
mènent à d'autres; mais ils mettent la confusion dans
l'appréciation du droit, du légitime et de l'illicite;
ils ébranlent la conviction des possesseurs dans la
validité de leurs possessions; ils entretiennent dans
les ouvriers abusés et délaissés, sinon comprimés de
nouveau après le coup, des prétentions exagérées et
des dispositions de plus en plus violentes à recommencer le combat contre les possédants, qu'on leur
fait regarder comme des usurpateurs ou des êtres vils
et inhumains. C'est ainsi que se conserve et s'augmente
sans cesse une armée disponible en faveur de tout
nouvel audacieux qui vise à escalader le pouvoir.

Il est temps enfin que cette trop funeste confusion cesse; il est temps enfin que les patrons et ceux que l'on désigne, avec une si perfide habileté, à la haine et à l'envie du pauvre sous la dénomination de *riches*, comprennent qu'en défendant leurs positions, leurs intérêts, leurs richesses, s'ils en ont encore, ils défendent non-seulement le fait, mais le droit; non-seulement le droit des individus, mais le droit des sociétés; le droit le plus sacré, le plus imprescriptible; le droit le plus salutaire pour le pauvre même. Il faut que ce pauvre comprenne que le fait de n'avoir rien ou de n'avoir que peu de chose, ne lui acquiert nul titre à dépouiller les autres de biens qui ne lui ont pas été enlevés, ni à regarder comme une spoliation dans autrui ce qu'il trouverait une propriété fort légitime dans ses mains. Il faut qu'il comprenne que ses ennemis, ses assassins, les contempteurs de sa misère ne sont pas parmi les riches, mais bien parmi leurs calomniateurs. Il faut enfin que les limites du droit de chacun soient tracées, que la société recouvre ses bases éternelles, et qu'elle rentre dans les rails d'où on l'a fait violemment sortir pour l'égarer et la faire choir. Il faut que les mauvais ambitieux, barbares exploiteurs de souffrances, deviennent bien clairement à tous les yeux et jusqu'aux leurs même, purement et simplement des coupables, sans atténuation, sans excuse, des coupables.

Est-il possible en effet, que la grande société du dix-neuvième siècle, pose plus longtemps en chose taillable et corvéable à merci d'un L. Blanc, d'un Blanqui, d'un Proudhon, et que nous demeurions incessamment sous la menace d'une nouvelle descente de ces burgraves modernes de leurs châteaux-forts des faubourgs avec leurs bandes franches, dans nos cités et nos plaines, pour y polluer nos femmes, dévaster nos moissons et nos propriétés, et promener, pour peu que la fantaisie leur en prenne, nos têtes au bout de leurs piques? La paysantaille et les trafiquants du moyen-âge subissaient les invasions de ces pillards, mais du moins ne poussaient pas, comme nous, l'extravagance ou la lâcheté, jusqu'à y reconnaître quelque droit, jusqu'à avoir quelque doute sur leurs motifs et leur but. Moquons-nous donc encore de la barbarie de nos pères, et vantons-nous à outrance de notre savoir et de nos progrès !

Le génie de tous ces prétendus réformateurs, qui se croient profonds lorsqu'ils ne sont qu'obscurs, et habiles lorsqu'ils ne sont qu'audacieux, consiste, ne sachant réparer ni améliorer la maison éternelle, à conseiller d'y mettre le feu. L'idée n'est pas neuve, elle date d'Erostrate; ils y ont seulement ajouté cette autre de butiner dans les décombres, qu'on dirait empruntée à un échappé de Brest, et qui consiste devant l'abus à nier le droit ; devant les effets des mauvais principes à nier les bons ; devant les contrastes nécessaires en fait, à en biffer théoriquement un des termes ; devant la difficulté d'acquérir honnêtement, à conseiller la spoliation. Parce qu'il y a de mauvais riches, ils condamnent les richesses ; parce qu'il y a des prolétaires, ils condamnent la propriété ; parce qu'il y a manque de travail, ils excitent à voler. Ce sont toujours les vieilles et déloyales récriminations de ceux qui n'ont pas contre ceux qui ont, et les commodes accusations d'incapacité et d'indignité contre les possédants actuels, pour se mettre à leur place ; et c'est toujours aussi le vieil et absurde avis : « pour avoir les œufs d'or, il nous faut tuer la poule. »

Eh ! de quel droit donc, puisqu'il en faut venir à reprendre au sérieux ces déclamations usées, de quel droit reprocher aux classes supérieures les misères sociales ? Si elles ont si affreusement et si rapidement augmenté, n'est-ce pas à votre ridicule doctrine d'égalité et de liberté sans frein qu'on en est redevable ? Je crois l'avoir démontré : si les supérieurs sont devenus personnels, n'est-ce pas que les inférieurs sont devenus dédaigneux, suffisants ? Si les riches, ou plutôt les enrichis, les produits de vos principes, sont devenus durs, n'est-ce pas que les pauvres sont devenus insolents ? Des uns ou des autres quels sont aujourd'hui les plus méprisants ? Quels sont ceux qui nourrissent les plus mauvais sentiments ? Quels sont ceux qui ont les prétentions les plus âpres et les plus envahissantes ? Quels sont ceux qui ne profèrent qu'imprécations de haine et de vengeance, lorsqu'ils voient, pour la défense des possessions et des biens acquis, des dispositions d'une énergie correspondante à l'acharnement de l'attaque? En un mot, s'il y a encore des vampires sociaux, où faut-il les aller prendre? De grâce, messieurs, cessez vos lamentations hypocrites ou absurdes! Cessez vos excitations à la révolte ou à l'antipathie ; car, il y a, sachez-le bien, mille fois plus d'humanité pratique et effective dans un coin du cœur de ces entrepreneurs qui ont continué à donner du travail à leurs dépens, à tenir leurs ateliers ouverts aux travailleurs, malgré les dangers et les menaces de leur ingratitude ou de leur rébellion ; dans ces riches propriétaires qui sont les véritables intendants des malheureux, que dans l'esprit et l'intention de vos livres subversifs qui poussent au désordre, aux mauvaises pensées et aux mauvaises actions, et n'en inspirent, n'en ont jamais inspiré une seule bonne. Il y a mille fois plus de bienveillance compâtissante dans l'âme des personnes réellement et journellement en contact avec l'homme souffrant et besogneux, que dans celle des vaniteux faiseurs qui vivent en face et en contemplation de leur livre, et arrivent à n'avoir de sensibilité que pour l'homme modèle et imaginaire de leur système.

Rêveurs modernes ! docteurs de l'immoralité populaire ! quelle misère avez-vous soulagée ? Quelle est celle que l'essai de vos préceptes n'a pas au contraire aggravée ? Quel est le morceau de pain que vous offrez à l'affamé à acquérir sans remords ? Souvent la société ne le lui accorde que trempé de larmes, c'est vrai ; mais vous, vous ne le lui montrez que trempé de sang et avec le goût amer d'une propriété douteuse. Quel est le malheureux, ébranlé dans le courage de sa probité, à qui vous ayez tendu la main pour soulager sa détresse et le soustraire à de sinistres projets ? Bien au contraire : Souffre encore aujourd'hui, lui avez-vous dit ; demain tu auras perdu ton âme et tu seras des nôtres. Les tiraillements du besoin sont vos embaucheurs, vous ne vous recrutez que par la déchéance et la perversion, et les aspirations de vos soldats sont celles du crime ; aussi tous les honnêtes gens, à quelque degré de l'échelle qu'ils se trouvent, à quelque extrémités qu'ils soient réduits, ne sont plus, ne veulent plus être avec vous, et disent, d'une voix unanime : Plutôt la faim que le vol, plutôt la mort que le déshonneur ! Eh quoi ! s'écrie chacun de ces hommes désabusés par le redoublement même de leurs maux, parce que ces biens ne me sont pas échus à moi ouvrier, ne sont-ils pas à ceux qui les possèdent, qui les ont augmentés ;

à leurs générations, qui sont les chaînons de la filiation immortelle des familles, et qui ont mission de
continuer dans ce monde leurs exemples, leurs splendeurs, les progrès de leur prospérité et de leur bienfaisance? Si je les possédais comme eux, si je pouvais
les transmettre à mes enfants, comme eux peuvent
aux leurs, souffrirais-je qu'on vînt me les contester,
me les disputer ou me les arracher avec violence et
dédain pour d'autres? C'est un malheur d'être pauvre, mais sont-ce mes semblables qui m'y ont réduit, qui m'ont spolié de ce que j'avais primitive-
ment? Ne suis-je pas né tel, ou ne le suis-je pas
devenu par la paresse, l'insouciance ou les mauvaises
habitudes? Et, dans le premier cas, n'est-ce pas celui
qui les a placés dans l'aisance qui m'a placé, moi,
dans le dénuement? et dans le second, ne suis-je pas
l'unique auteur de mes maux? En quoi donc m'ont-
ils lésé? Qu'ai-je rigoureusement à leur réclamer?
Quelle restitution me doivent-ils? Et puisqu'ils sont
dans leur droit strict en ne me donnant rien, quel
cynisme d'immoralité ne me faut-il pas pour tenter
de les contraindre par l'intimidation à une humanité
purement discrétionnaire, et qui n'est digne et féconde
qu'en étant réellement sentie au cœur? De quel air
souffrirais-je moi-même que le pauvre m'insultât
pour récompense du morceau de mon pain que je
lui donnerais, et me menaçât de me l'arracher si

je ne le lui offrais? En gardant ce morceau de pain pour moi, je serais peut être un cœur dur, mais serais-je un voleur? Le voleur ne serait-il pas au contraire celui qui voudrait me l'enlever? Et, d'ailleurs, ces possesseurs naturellement plus favorisés, n'étaient-ils pas tout disposés, avant nos arrogants dédains, à nous soulager? N'y sont-il pas disposés encore aujourd'hui que nous les insultons et provoquons? Est-ce eux qui ont méchamment fermé leurs ateliers, ou est-ce nous qui, alléchés par de plus faciles espérances, les avons abandonnés pour courir aux processions publiques qui épouvantent et font fuir tous les consommateurs, tous les gens paisibles? Serions-nous, en masse, de meilleurs et plus compâtissants propriétaires qu'eux? En âme et conscience, oserions-nous le prétendre? Depuis que nous sommes plus pauvres, en sont-ils plus riches? S'enflent-ils de nos dépouilles? quelles absurdités! Ne les voyons-nous pas, au contraire, entraînés avec nous dans le même gouffre de malheurs, et, au milieu de cette nuit confuse qui y règne, au milieu de ces immenses ruines qui y sont depuis peu amoncelées, s'ils combattent encore, n'est-ce pas uniquement pour préserver le reste du feu de la lampe de salut que nous avons brisée dans nos fureurs? pour conserver intacte au moins la base du sol social dont nous avons réussi si rapidement à convertir la surface en chaos? Quand la lumière des vrais principes reviendra éclai-

rer cette scène ténébreuse et y montrer à tous les
yeux le bouleversement de ces dernières nuits d'orgies
et d'égarement; quand le peuple indigné et repentant
cherchera de son regard sévère et jugeur les instiga-
teurs de tous ces désastres, oh! malheur à vous tous,
téméraires conseillers! démolisseurs frénétiques!
vous seriez perdus si ceux contre lesquels vous l'avez
poussé avec rage ne parvenaient à changer son exas-
pération en dédain et en préservatif futur.

Déjà, comme je l'ai dit, vous ne traînez plus
guères à votre suite que des natures aviliés et amol-
lies par l'oubli de l'occupation sérieuse et du salaire
honnête, des pillards rapaces ou des spéculateurs
éhontés; et si cette indigne armée peut nous inquiéter
encore de la puissance néfaste de son nombre et de sa
mauvaise énergie, elle n'agite plus notre conscience
par le moindre doute sur l'immoralité de ses convoitises et de ses moyens d'action. Nous allons sans
trouble, au contraire, avec la jouissance intérieure
que procure l'idée d'un dévouement d'honneur et
de probité, au combat qu'elle veut engager contre
nous, et Dieu protége assez la France, croyons-le
fermement, pour que les honnêtes gens triomphent
enfin des bandits.

Je sais que vous vous réservez de dire: Mais on
nous juge mal; on nous calomnie en nous présen-
tant comme des fauteurs de rébellion et de discorde;

voyez nos livres, nous y recommandons toujours la
modération et la générosité. Messieurs ! qui donc
trompe-t-on ici ? et de quelle générosité parlez-vous ?
à qui voulez-vous faire croire que vous n'avez pas
semé du vent, puisqu'on recueille la tempête ? Eh
quoi ! vous enseignez au peuple que les biens des plus
riches que lui, lui appartiennent ; ce qui aboutirait
à faire dépouiller celui qui aurait cinq francs par celui qui n'en aurait que trois, et à la fin même celui
qui aurait trois sous par celui qui n'en aurait qu'un ;
vous lui enseignez que toute propriété, toute hérédité
sont des vols à son préjudice, et vous prétendriez
l'assujettir à en faire le sacrifice, par pure condescen-
dance platonique, jusqu'à la misère, jusqu'à la faim,
jusqu'à la mort ? Sans doute vous vous moquez. Vous
ne l'exhortez pas à procéder à la spoliation immédiate
de ces propriétaires par cela seul que vous en voyez l'impossibilité ; mais dans vos idées cette spoliation doit
avoir lieu ; elle n'est qu'ajournée, ou peut-être modifiée
dans l'exécution par des moyens moins brutaux,
mais plus artificieux, et vous voulez qu'ils vous en
sachent gré ! Ce n'est pas sérieux assurément, ou bien
c'est un de vos stratagèmes de guerre qui pourrait
être d'une cruelle perfidie, s'il n'était pas tout simplement stupide.

Les révoltes et les violences qu'elles produisent périodiquement sont donc les conséquences directes de

vos doctrines; et si quelqu'un de vous personnellement les blâme, c'est que son humanité et sa probité
sont en heureuse contradiction avec ses principes ;
mais le peuple à qui il les a inculqués est plus rigoureux et plus absolu logicien que lui et pousse droit
au but. Aussi voyez, par exemple, combien M. Blanc
a été faible et embarrassé lorsqu'au 15 mai il a cru
devoir rappeler le peuple à la modération et le contenir sur la route d'une victoire qui, après tout,
était dans ses opinions et ses espérances. Mais aussi,
ce qu'il condamnait, était-ce l'entreprise en elle-
même ou bien sa témérité? Je laisse le point à dé-
battre aux lecteurs ; quant à moi, mon opinion est
faite, et s'il me permettait de l'interroger, je ne lui
adresserais qu'une seule question : à quelle époque
pense-t-il que l'entreprise ne sera plus téméraire?

Jusqu'ici, dans ce rude examen, tant que je n'ai
pu séparer les fausses maximes des calamités qu'elles
réalisent en ce moment même, tant que j'ai été obligé
de les suivre à travers les cris, les angoisses, les dé-
sespoirs de mes concitoyens et les ruines de ma pauvre
patrie, je n'ai pu me contenir ni rester aussi froid
que je l'eusse désiré ; mais maintenant que je vais
les discuter abstractivement, spéculativement, j'aurai
à y mettre moins de véhémence.

Je désirerais beaucoup pouvoir prendre mon point
de vue à la superbe hauteur de ces idéologues qui

traitent délibérément Dieu de professeur à écolier, et qui, le plus gravement et le plus sérieusement possible, proposent dans le monde le remplacement de son œuvre par celle de leur imagination ; le remplacement de ce qui est et a été de tout temps, par ce qui, selon eux, aurait dû être et sera indubitablement dans l'avenir. Mais je me hâte, malgré la crainte de leurs dédains, de confesser mon humilité et de déclarer que, franchement, ils me paraissent un peu obscurs.

D'autres aussi peu perspicaces, mais moins impertinents ; aussi égarés, mais plus rationnels dans leur égarement, ne pouvant apercevoir l'œuvre pure et immuablement prévalente de Dieu à travers les créations horribles ou grotesques, et les souillures dont la couvre et la ternit notre mauvais génie, souvent dans toute la mesure du mal qu'il lui a été donné de faire, aiment mieux nier ce Dieu ou l'appeler vaguement *hasard*, que de douter de la force et de l'ampleur de leurs vues ; et se posant eux-mêmes en souverains régulateurs à la place du Dieu absent, proposent aussi hardiment et aussi imperturbablement que les premiers, leur système d'organisation.

D'autres enfin admettent l'existence d'un type divin, primitif et modèle, mais accompagnent cette juste opinion de l'outrageante et nécessairement fausse pensée, qu'il a pu être radicalement renversé et remplacé par le misérable et chétif replâtrage des hommes ; et, partant de là, pour former la singulière prétention de le retrouver dans les rêveries de leur imagination, chacun d'eux vient à nous son système à la main, en criant : Tenez! voilà la véritable société primitive, voilà la société de Dieu ; c'est moi seul qui l'ai retrouvée, croyez-m'en sur parole, et revenez-y au plus vite ou, foi d'inspiré, vous êtes perdus!

Tous, comme on voit, aboutissent au même point, et arrivent toujours à se substituer modestement à Dieu, à refaire le monde et à prétendre échanger le leur contre celui qui est.

Quant à moi, je désespérerais de l'humanité et de Dieu même, du jour, heureusement tout à fait impossible, où je ne verrais d'autres ressources que de nous confier aux élucubrations de tous ces fous. Mais, puisqu'il n'est que trop vrai et trop évident que les sociétés ont dévié des voies premières et exclusivement bonnes qui leur avaient été d'abord tracées ou révélées, je crois les pures imaginations et les divagations humaines inhabiles à les suppléer, et je pense qu'il faut les rechercher au moyen des vestiges assurément visibles encore çà et là, à travers les constructions parasites dont nous les avons obstruées, et même parfois couvertes. Pour cela la méthode est aussi simple que rigoureuse : c'est parmi les innombrables coutumes, les innombrables lois qui ont régi la terre et dont une si grande quantité ont été éphémères, détruites et remplacées, de trier celles qui se sont perpétuées, depuis le commencement jusqu'à nos jours, à travers les générations et les nations diverses, celles qui ont survécu à toutes les révolutions, à tous les cataclysmes sociaux. A coup sûr elles appartiennent à la construction typique du monde; à coup sûr c'est en les étudiant, en les respectant, en nouant la chaîne de nos raisonnements à leurs indications, que nous pourrons arriver à la réédification complète, comme l'immortel Cuvier reformait les espèces disparues, au moyen d'un seul de leurs débris.

Dans cette besogne je ne me laisserai pas arrêter longtemps par la détermination préalable de l'époque et de l'occasion de l'établissement de l'état social dont je veux rechercher les lois, par cette simple raison que je le crois contemporain de notre existence même (en exceptant, toutefois, Adam qui ne saurait compter dans notre humanité). Car, s'il a été permis, tant le champ des erreurs et des divagations philosophiques a été vaste et rebattu, d'imaginer les hommes dans d'autres situations plus ou moins bizarres, par exemple, se fuyant, courant nus, debout ou à quatre pattes dans les bois, et un beau jour se concertant pour dresser entre eux, sans doute par devant le sylvain notaire de la clairière voisine, un contrat de perpétuelle union et se jurer, moyennant la fidèle et réciproque observation des clauses, amitié, assistance et dévouement éternels en vrais chevaliers du moyen-âge; s'il a été permis, en un mot, de les concevoir dans tant d'états de nature si contre-naturels, il ne peut être raisonnable, sensé et conforme aux faits traditionnels que de faire ressortir l'association de la conséquence directe, nécessaire des deux propensions les plus intimes de la nature de l'homme, qui consistent, d'une part, dans la faculté et le noble désir d'agir bienfaisamment sur son semblable, et de l'autre, dans le penchant de celui plus faible, plus borné, à recourir à l'aide, à l'étude et à l'imitation d'un plus fort, plus intelligent, plus prévoyant et plus heureux que lui. Comme tous, bien qu'à une distance infinie, nous devons nous proposer Dieu en but et en modèle, et c'est cette touchante mutualité de secours, d'exemple et de gratitude, sat sfaisant d'un côté avec une douceur ineffable, le légitime orgueil de celui qui se voit capable et digne d'être utile à son semblable: et, de l'autre, ne dégradant pas l'obligé, puisqu'il n'est secouru que par le procédé de Dieu même envers nous tous, par une manifestation comparative, lui laissant pleine liberté du choix, qui constitue non pas le contrat, car un contrat engage le libre arbitre, mais bien le lien social. Et s'il est vrai que l'abus soit venu avec l'usage, ce qu'assurément je n'ai nulle envie de nier, c'est par suite de cet antagonisme perpétuel du mal avec le bien dans le monde, mais qui y est placé comme condition de notre mérite et de notre gloire aussi bien que comme cause de nos souffrances.

Toutefois, s'il y a hideuse culpabilité aux uns à opprimer, il y a aussi faiblesse impardonnable aux autres à consentir à l'oppression ; car, par la seule résistance d'inertie de leur plus grande masse, ils peuvent tenir en échec les tyrans et neutraliser leurs ignobles projets. Le préservatif, le seul préservatif à ces maux avant le fléau, c'est le maintien d'une haute et scrupuleuse moralité chez les supérieurs et du juste sentiment de la dignité humaine chez les inférieurs : c'est-à-dire la vigueur et la ferveur du sentiment religieux chez tous ; et leur remède quand ils ont fondu sur la société, c'est le retour sincère et radical à ce sentiment sauveur. Il n'y en a pas d'autre, et J.-J. Rousseau ne se serait pas épuisé à chercher de vains freins politiques, auxquels il déclarait lui-même ne pas pouvoir se fier, si les mauvaises tendances de son siècle ne l'avaient pas empêché de songer à celui-là.

Du reste, il est bien moins inconséquent dans son système que ne le disent ses appréciateurs modernes, qui lui prêtent trop libéralement leurs propres défauts, et celui-là a bien raison qui écrit quelque part qu'il ne faut pas passer les prémices à ce rude dialec-

ticien, si l'on ne veut pas se voir logiquement obligé
à lui accorder tout le reste. En effet, admettez-lui,
par exemple, l'existence ou seulement la possibilité
du contrat social, le dogme, si énormément, si pal-
pablement faux, de l'égalité, en découle immanquablement; car il ne peut y avoir contrat ou du moins
contrat loyal, échange équitable qu'entre égaux;
puisque, tout contrat obligeant strictement et complètement chaque partie, dans l'état d'inégalité, il y
en aurait nécessairement une exploitée par l'autre,
comme il arrive effectivement aujourd'hui du peuple
pauvre ou moins intelligent, au profit des plus habiles
ou des possesseurs de fonds. Et c'est vainement qu'on
tenterait d'objecter que dans l'état de mutualité na-
turelle il en serait de même; parce que là on ne s'engage à rien, on suit l'influence prépondérante, si on
la trouve bonne, si l'on veut, quand et comme on
veut, simplement tant qu'on veut; on a toute sa liberté, même dans l'indocilité, et l'on n'en est puni,
l'on a droit de n'en être puni que par les conséquences,
tant qu'on n'empiète pas sur autrui, tant qu'on ne
nuit pas à son prochain; il ne peut donc pas y avoir
d'opposition plus diamétrale que celle-là.

D'ailleurs, s'il était parfaitement dans la tournure
du génie paradoxal de J.-J. de s'amuser à imaginer
une société bâtie avec le dogme fondamental de l'é-
galité, au milieu d'un monde auquel Dieu n'a pro-

cédé partout dans les ordres, les espèces, les individus mêmes, que par inégalités, il est évident aussi
qu'il ne songeait en cela qu'à un exercice de sa dia-
lectique complètement spéculatif et tout à fait indifférent au monde réel, et qu'il n'eût point écrit, s'il
avait pu le moins du monde prévoir l'usage et l'application barbares qu'on devait tenter de ses rêveries.
Il nous en donne deux preuves bien frappantes : la
première, dans le peu de cas qu'il en faisait lui-
même, en disant qu'il les donnerait volontiers toutes
pour la moindre bonne action et que leur essai ne
valait pas la peine d'une goutte de sang humain ; et
la seconde, dans les absurdités qu'il voyait parfaitement lui-même de leurs conséquences ; car, par
exemple, dans le sens de son contrat, dès qu'un seul
individu aurait été lésé ou aurait voulu résilier le
bail, la société était dissoute de droit. Il ne lui venait
cependant à l'esprit d'engager aucun mécontent à
sommer l'état social de se séparer, ni même en
aucun cas à lui désobéir ; tout au contraire, il traite
quelque part et avec grand raison, de ridicule fou
celui qui voudrait sérieusement revenir à son état
idéal et exécuter ses romans. Après ces rudes et
formels avertissements réitérés, il devait, certes, rester
fort tranquille en sa conscience sur les dangers et les
tentatives d'une application si impossible ; mais il
avait compté sans toutes les extravagances imagi-

nables de la déraison et de la vanité humaines, et
sans le funeste parti qu'en pourraient tirer des ambitieux sans frein, ni scrupules. Ceci prouve péremp-
toirement aux idéologues qu'ils ne doivent s'essayer
devant les hommes à aucun jeu d'utopie imaginaire,
sous le prétexte de son abstraction, car ils peuvent
s'attendre à ce qu'il s'en trouve toujours tôt ou tard
un assez grand nombre parmi eux qui tenteront de
traduire ces chimères en faits.

Il reste donc évident qu'au monde des hommes,
comme à celui des autres êtres, il n'y a pas d'égaux,
il n'y a que des semblables dans les produits ; il n'y
a pas d'égalités, il n'y a que des similitudes dans les
développements ; et en cherchant ce qu'ont voulu désigner les métaphysiciens et les législateurs par ce
mot *égalité*, employé par les uns dans leurs abstractions et placé par les autres au frontispice de leurs
constitutions, on arrive à trouver que c'est l'iden-
tité de méthode et d'instrument d'appréciation pour
tous qu'ils ont entendu indiquer par lui. A la vue de la
longue chaîne de nos calamités modernes, l'on fré-
mit à penser combien une simple mauvaise locution
peut devenir funeste, quand le vulgaire n'est pas apte à
faire la distinction de sa signification exceptionnelle
et de son sens ordinaire ; nous devons tous être pesés
dans la même balance, mais pas avec le même poids ;
voilà le seul principe vrai, parce qu'il est le seul
équitable.

Eh bien, dans le monument social, ainsi magnifiquement et salutairement étagé, selon les intentions du
souverain architecte, par les différentes aptitudes, les
différentes perfectibilités, les différents résultats acquis ou atteints et les différents mérites, je remarque
constamment, à travers les excroissances parasites et
la mauvaise mousse des siècles, trois grands faits : *la
famille, la propriété, l'hérédité.* Ils sont donc essentiellement générateurs et constitutifs du vrai type
primitif. D'après ce que nous avons admis plus haut,
ceci déjà est certain ; mais une autre preuve, c'est
que, tous les trois ensemble, ils se rattachent strictement comme moyens aux principes et aux lois de
développement que nous venons de voir qu'il fallait
assigner à la société. En effet, il serait absurde de supposer que Dieu eût doué sa créature de facultés inutilement, sans droit ni pouvoir de les exercer ; qu'il eût
mis en elle l'art et le désir des créations secondaires
et partielles, des combinaisons infinies de la matière
à son usage ou à son agrément, tout en lui déniant le
droit de se l'approprier : ce serait une mystification
qu'il ne nous est pas permis de soupçonner un instant.
Si donc la terre a été d'abord livrée à tous en don
gratuit, avec droit rigoureux d'y vivre, elle a pu
devenir plus spécialement la chose de celui qui la
transforma à sa convenance personnelle, qui en fit
son œuvre dans toute l'étendue de cette œuvre ; voilà

comment le droit de premier occupant est strictement
attaché au droit de remaniement de l'espace occupé,
et comme tous les deux constituent le droit définitif
de propriété. La terre est à tous et n'appartient à
personne en particulier! s'écrient pompeusement les
sophistes. Comment! voici une cabane que j'ai ima-
ginée, que j'ai bâtie et installée de mes mains; voici
des arbres que j'ai plantés et arrosés, que j'ai élevés;
voici une gerbe de blé provenant d'un grain vague
que j'ai enfoui, dont j'ai surveillé et élagué la pousse,
et vous, passant, qui remarquez que tout cela ainsi
concentré, arrangé et amélioré, vous accommoderait
parfaitement, vous vous mettez en tête de me faire
croire que tout cela est encore à vous maintenant,
autant qu'à moi, que nous n'avons pas cessé d'y avoir
égal droit! Vous déraisonnez déplorablement, brave
homme, et je vois ce que c'est: tenez, voilà pour votre
soif une de mes meilleures poires d'un de mes arbres
les mieux venus et les mieux exposés, et quelques épis
d'un terrain remué et expurgé par moi à l'avance,
dont vous retirerez les grains si remplis et d'une si
agréable saveur pour votre faim; avec cela, passez
votre chemin et épargnez-moi les plaisantes sornettes
de votre paresse; allez choisir un terrain et travaillez
comme moi, ou disparaissez de ce monde pendant
4000 ans jusqu'à votre résurrection dans l'esprit dé-
traqué de ce que l'on appellera un *communiste.*

Non, disent d'autres, le droit n'est pas si vague, si général, et voilà une propriété légitime, nous le reconnaissons ; mais, à la mort du propriétaire, elle doit rentrer dans le domaine public. Eh quoi ! pourrait aussi dire le même propriétaire à ces étranges raisonneurs, est-ce que mon œuvre s'anéantit ? est-ce que je l'emporte avec moi dans la mort ? est-ce que le terrain que je me suis approprié reprend aussitôt sa virginité sauvage ? est-ce que moi-même je ne me continue pas dans mon enfant ? est-ce qu'il n'est pas aussi mon œuvre celui-là, et bien plus que mon œuvre, mon image ? est-ce que ce n'est pas lui le dépositaire que je me suis efforcé, avec une si constante et si tendre sollicitude, de rendre le plus fidèle possible de mes manières, de mes mœurs, de mes idées et de mes projets ? est-ce que ce n'était pas lui, la plus grande félicité, le plus grand bien-être de son existence que j'ai eu en vue dans mon activité incessante, dans les agrandissements, les embellissements et les améliorations de ma propriété ? Qui donc a plus de titres, a autant de titres ; bien plus, qui donc a le moindre titre au fruit de mes travaux ? Ces ineffables, ces infinies jouissances que j'ai éprouvées en songeant, qu'en dressant, disposant et ornant à l'avance la place de mon enfant sur la terre, je lui épargnerais les difficultés que moi, j'y ai rencontrées ; les joies que cette pensée m'a causées à chaque perfectionnement atteint, seraient-elles trompeuses? Tous mes souhaits paternels seraient-ils vains? mes plus chères, mes seules espérances terrestres seraient-elles déçues? Les leçons d'une expérience acquise au prix de tant d'efforts infructueux et de tant de peine, de tant de souffrances, seraient-elles inutiles? Tous ces soins, toutes ces privations de paternelle prévoyance, tous ces arrangements, toutes ces fatigues, allégées par l'idée de leur but et par l'espoir, tout cela n'aurait servi qu'à me faire souffrir la torture du déchirement de mon cœur à l'instant de ma mort, tout cela ne devait aboutir qu'à une insolente confiscation de mon bien au profit d'un étranger parasite? Un inconnu s'enrichirait de ma dépouille, de la dépouille de mon enfant! Oh! barbares! oh! effrontés! arrêtez : je vais supplier Dieu de me ramener aux commencements de ma vie, et là, au lieu de tous ces produits qui trahissent si évidemment une intention plus durable que moi, je me bornerai cette fois aux tristes et faibles soins de ma commodité personnelle; je renoncerai facilement au désir de faire venir une autre créature participer au marasme de cette languissante existence sans but, sans avenir, sans nul attrait au cœur. Avant ma mort, puisque je suis à moi seul la fin et le commencement de mon œuvre, je la détruirai et la disperserai en débris sur cette terre à laquelle je ne dois pas, je ne peux pas laisser le moindre souvenir, et en expirant, la désolation et le dégoût dans l'âme, je vous citerai au suprême tribunal du Créateur pour lui rendre compte des obstacles égoïstes que vous avez suscités au développement de son œuvre humaine et qui l'anéantiraient tout à fait s'il vous laissait pendant quelque temps le pouvoir d'exécuter vos détestables conceptions.

Par quels arguments, dites, Messieurs les socialistes, réfuteriez-vous et consoleriez-vous ce malheureux père? Je vous défie de motiver une seule des vérités du monde que vous regardez comme les plus évidentes et les plus inébranlables, sur des sentiments et des déductions plus intimement et plus radicalement pris dans la nature de l'homme. Sans la propriété et sa transmission héréditaire, la société se serait dissoute dès la première génération; et si vous parveniez à l'en priver actuellement, ce qui ne sera pas, ce qui ne peut pas être, elle s'éteindrait avec nos enfants. Même en admettant que, dans la décourageante perspective d'une dépossession totale à sa mort, l'homme voulût cependant engendrer, il n'y aurait pas de famille, il n'y aurait que des générations successives sans filiation, sans lien d'affection entre elles; et, ainsi M. L. Blanc, en concédant la famille sans l'hérédité, commet tout bonnement un non-sens, car, comme on voit, l'une n'existerait pas sans l'autre.

Mais, s'écrie ici M. L. Blanc : «Le pauvre qui, aujourd'hui n'a rien à laisser à ses enfants, le pauvre a t-il une famille? répondez; s'il en a une, la famille, même dans l'impur milieu où nous sommes, peut donc jusqu'à un certain point existér sans l'hérédité; s'il n'en a pas, justifiez vos institutions et hâtez-vous .. la famille ne saurait être un privilége.» Si certainement, en humanité et en moralité, la famille devrait être un privilége, celui seulement des personnes qui peuvent suffire à en nourrir une, car il n'est dans le devoir d'aucun d'avoir des enfants, mais il est dans le strict devoir de chacun de nourrir ceux qu'il a mis au monde. Évidemment ce ne sont pas les riches, totalement étrangers à la création des enfants du pauvre, qui doivent être responsables de leur misère, c'est celui-ci, c'est leur auteur seul, et eux ne sont tenus à les secourir que par pur et gratuit sentiment de commisération et de charité. En général, chez le pauvre qui, en dépit de ces considérations et de ces scrupules, engendre, il arrive des naissances, mais pas de famille proprement dite; car on ne saurait appeler de ce doux et si beau nom une agrégation de malheureux petits êtres qui n'ont été désirés par leurs parents que dans le but d'une barbare exploitation presque dès le berceau, et qui ne sont prisés par eux qu'en raison et en proportion de leur utilité et de leurs produits. Y a t-il quelque chose de plus hideux ! mais les socialistes ne sauraient se résoudre à maculer la robe d'innocence de leurs idoles ; il leur est plus commode et plus profitable de charger, en masse, de tous les maux et les méfaits, ces vampires de riches, avec cette imprécation sacramentelle : tout est dit ! elle dispense de raisonnement, de justice et même d'humanité effective.

D'autres pauvres, sans doute, se marient sans ces exécrables calculs, par irréflexion ou par complexion affectueuse ; mais ceux-ci ne seraient-ils pas au désespoir, de penser qu'après leur mort on viendrait arracher à leur enfant le chétif ameublement de leur mansarde, les quelques sous de leurs dernières journées ou de leurs tristes économies, l'image sainte qui doit perpétuer le souvenir paternel ? Et même chez ce premier mauvais pauvre, pour peu qu'il lui reste ou qu'il lui survienne quelque indice des sentiments et des instincts affectueux qui constituent la famille, ne sera-ce pas par ce désir de transmission de ses bribes à sa progéniture qu'il le témoignera ? Philosophes socialistes, osez-le nier et interrogez-le ; s'il dit que non, je vous défie, au nom de la conscience, de ne pas le prendre en dégoût.

Un sentiment ne se mesure pas à la quantité de ses moyens de manifestation, et celui dont il s'agit ici existe aussi ou plus énergiquement au cœur de ce prolétaire qui n'a que quelques piteuses nippes à léguer à son fils, que chez cet opulent financier qui laisse au sien des millions. Nous pouvons donc dire qu'à tous les degrés de l'échelle sociale, dans le bouge comme au château, la conscience du droit d'hérédité est incrustée chez l'homme d'une manière essentiellement connexe avec la famille. Il est donc fondamental du bon ordre social ; et cela est si vrai, qu'à bien considérer, tous ceux qui attaquent le droit de propriété ne le font que par dépit d'en être privés et par espoir d'en acquérir ; au point que les hommes pratiques du parti si étrangement appelé socialiste, ne peuvent prendre leur doctrine que comme une arme de brèche et de démolition à l'usage de ceux qui, aujourd'hui, ne possèdent pas, contre ceux qui possèdent. A la violente âpreté qu'ils déploient pour atteindre à l'objet de leur convoitise, on peut juger de leur ténacité féroce à le couvrir et le garder après la victoire ; aussi, si par impossible ces assaillants parvenaient à entrer dans la place et à en être les maîtres discrétionnaires, M. Blanc et consorts éprouveraient, s'il leur serait possible de les en dessaisir ou d'en dessaisir leurs enfants au profit d'un être de raison. Serait-ce de la fraternité générale, à supposer que ces tacticiens eussent l'extravagante naïveté de leur en faire même la proposition ? Il ne s'agit donc dans tout cela que d'un déplacement de personnes, et même presque toujours de quelques personnes seulement; du déplacement des chefs du pouvoir établi, au profit des principaux meneurs de la rébellion.

Quand cette arme funeste est brisée dans son ressort même, quand la propriété et sa transmission héréditaire sont justifiées dans leur principe, ce n'est plus un combat sérieux que celui qu'on prétend livrer avec leurs inconvénients. Il ne s'agit pas de savoir, comme veut le faire croire M. Louis Blanc, si quelque coquin, en vue de la succession paternelle, comptera avec impatience les jours de l'homme qui lui a donné la vie ; il s'agit de savoir si ce calcul est naturel et conforme aux lois des sentiments filiaux, et il n'y a pas d'honnête homme au monde qui ne crie de son plein cœur et avec indignation, non ! Ce résultat est dans l'essence de l'hérédité, comme le mal est avec le bien dans l'essence de toute chose humaine ; comme le parricide est dans l'essence de la paternité ; comme le vol est dans l'essence de la propriété ; comme les doctrines délétères sont dans l'essence de la science. Mais ce mal n'est la conséquence un peu générale de l'hérédité, que dans des siècles comme celui-ci où l'on enseigne et l'on habitue à chercher le bonheur dans le bien-être seul ; où tous les liens moraux naturels sont rompus pour les remplacer par des liens de convention politiques, égalitaires ou socialistes. Ce n'est donc pas l'hérédité qu'il faut supprimer.

« Quand le riche, dit encore M. Louis Blanc, criait au noble, qu'avez vous fait? vous vous êtes donné la peine de naître? Le noble n'aurait-il pas pu répliquer en s'adressant au riche par héritage : Et vous? » Mais tous les deux, en s'adressant à l'ouvrier qui croit avoir droit à tout par cela seul qu'il n'a rien, ne peuvent-ils pas lui dire à lui aussi : pour être si insolent et si prétentieux, qu'avez-vous fait? naître ouvrier.

Laissons donc, de part et d'autre, ces répliques qui peuvent être des épigrammes mordantes, mais qui ne sont pas des arguments. Si l'on recherche le mérite, l'ouvrier n'en a pas plus à naître ouvrier que le riche à naître riche, que le noble à naître noble ; car il n'a dépendu d'aucun d'eux de choisir son degré. C'est à partir de là que le mérite personnel commence, et j'avoue qu'il est plus méritoire à un pauvre qu'à un riche de rester honnête homme, parce que sa vie est soumise à plus de privations, à plus de diffi-cultés, et par conséquent à plus de rudes tentations de mal faire. Mais le triomphe de l'ordre et de la moralité lui donne, ici-bas même, de belles compen-sations, la santé, le bien-être (*), souvent la paix, et la juste fierté de l'âme toujours, et il n'y a que les per-

---

(*) La misère regarde souvent à la porte d'un homme laborieux, mais n'ose pas entrer, dit quelque part Franklin.

nicieuses doctrines philosophiques et socialistes qui, en étouffant ou faussant sa conscience, puissent lui faire désespérer d'un parfait dédommagement dans une autre vie. Quand même il n'y aurait que la justice de cette rémunération finale pour motiver l'immortalité de l'âme et l'existence d'un juge souverain, ces deux magnifiques vérités en seraient suffisamment prouvées : « Les bons et les méchants disparaissent de la terre, mais à des conditions différentes… Non, Chaumette, non, la mort n'est pas un sommeil éternel ; la mort est le commencement de l'immortalité, » a dit Robespierre lui-même. Il faut encore tout l'aveuglement de la complaisance de M. Louis Blanc envers ses élucubrations matérialistes pour lui donner la malheureuse idée de railler des paroles aussi profondes de sentiment et d'observation, que les suivantes de M. Guizot : « Notre nature porte en elle-même un mal qui échappe à tout effort humain ; le désordre est en nous, la souffrance inégalement répartie est dans les lois providentielles de notre destinée. » Voilà donc leur philosophie ! s'écrie avec une plaisante indignation notre réformateur, à ces lignes dont il a été incapable de comprendre la portée ; « philosophie désespérante s'il en fut ; mais du reste bien appropriée à un régime qui consacre les angoisses de la foule. » Non pas, monsieur, philosophie désespérante ; bien au contraire, philosophie d'espoir, mais d'espoir en autre chose qu'en la vie matérielle, nécessairement décevante dans toutes ses positions; philosophie qui ne consacre les angoisses de personne, mais qui en constate l'existence fatale dans l'humanité; philosophie qui, dans la doctrine catholique, que vous avez le triste courage de critiquer à une de ses plus belles pages, appelle si justement *souffrance méritoire* celle que l'ouvrier supporte plutôt que de se laisser aller à piller et à massacrer son prochain; philosophie qui aime mieux encore qu'il y ait des pauvres que des voleurs; qui console, tranquillise, soulage les premiers et flétrit les seconds.

Ne voyez-vous pas, nous dit un peu plus loin le même auteur, avec l'arrogance et la joie d'un enfant de la rébellion, ne voyez-vous pas que les révolutions qui ont passé sur nos têtes ont donné à ce peuple la conscience de sa force? Ne voyez-vous pas, répliquons-nous, qu'elles lui ont retiré la conscience de son droit?

Eh, quoi! dira-t il encore lamentablement, c'est du sein de ce monde heureux, c'est du fond des boudoirs dorés où se berce sa philosophie, qu'on nous adjure de ne pas faire appel au matérialisme des intérêts, quand nous demandons pour le pauvre la certitude d'avoir du travail, le pain quotidien, un asile, des vêtements, le pouvoir d'aimer et l'espérance! Non, monsieur, demandez cela, indiquez-en les moyens et poursuivez-en l'application, une fois

qu'ils auront été reconnus pratiques, efficaces, moraux ; mais n'insurrectionnez pas, n'attisez pas la
rage aveugle et la basse envie de la misère contre ces
classes mieux partagées, en les montrant ici, pour
le besoin de l'effet exaspérant du contraste, regor-
geant de biens, de plaisirs, de bonheur, en face du
théâtre de toutes les privations, quitte à vous contre-
dire plus loin (pages 26 et 96). Ainsi, vous bou-
leversez tout ; vous augmentez, au lieu de diminuer,
les désastres et le nombre des malheureux ; vous
dépravez les sentiments ; vous n'améliorez rien et
empêchez l'amélioration ; et à la vue de cet effet nécessaire de vos doctrines, avec le témoignage de votre
conscience et de votre expérience qui doivent démen-
tir vos pernicieuses assertions, n'affichez donc pas si
orgueilleusement, vous et les vôtres, la prétention au
monopole de la bienfaisance et de l'amour des malheureux ; car, je l'ai déjà dit, leur surcroît de misère
vient de vous ; l'allégement de leurs peines venait
et viendra encore de ces riches et de ces propriétaires
que vous aimez mieux calomnier qu'imiter ou apprécier. L'esclave, dites-vous, c'est celui qui est en peine
de son vêtement, de sa nourriture, de son gîte ; c'est
celui qui dort sur les marches d'un palais inhabité ;
c'est le pauvre qu'on punit pour avoir tendu la main
à la pitié du riche ; c'est l'homme sans asile qu'on
arrête pour s'être appuyé sur la borne ; c'est le mal-

heureux que la faim condamne au vol, en attendant
que la société le condamne au bagne; c'est le père
qui envoie son jeune fils respirer l'air des filatures
malsaines; c'est le fils qui envoie son vieux père
mourir à l'Hôtel-Dieu ; c'est l'enfant du pauvre qui
entre dans un atelier à six ans ; c'est la fille du
pauvre qui à seize ans se prostitue.

C'est juste , mais ce n'est pas complet : l'esclave
encore et plus cruellement peut-être, c'est l'homme
d'intelligence, de moralité , d'habitudes indépen-
dantes, que vous menacez de l'étouffement dans une
des cellules de votre prison sociale ; c'est le riche que
vous menacez du pauvre en révolte; c'est l'industriel
que vous menacez du pillage, de la perte de sa liberté
et même de celle de sa vie., par les antipathies hideuses que vous soufflez contre lui au cœur des travailleurs; l'esclave, c'est celui à qui vous faites envisager
des chaînes pour prix des efforts bénévoles qu'il a faits
en vue de rompre ou d'alléger celles de ses semblables;
c'est celui qui attend la mort de la main même qu'il
a dégagée et la haine du cœur qu'il a nourri; l'esclave, c'est le propriétaire dont vous troublez l'assurance de son droit; c'est l'homme que vous jetez
dans la confusion et l'incertitude pour ses principes,
pour ses croyances, pour ses notions du juste et de
l'injuste, de la distinction du fait et du droit; l'esclave, c'est le père qui a perdu toutes ses joies de

famille, le respect de ses enfants révoltés ou railleurs ; c'est le père qui, au contraire, adoré des siens et les chérissant, a perdu tout espoir, toute tranquillité pour leur existence après lui, toute garantie même pour celle qu'il leur a procurée jusqu'à présent ; l'esclave sera bientôt tout ce qui a supériorité de fortune, d'intelligence, d'activité et de moralité parmi nous !

Oh ! il n'y avait pas besoin de toutes ces horreurs du génie du mal pour attrister les sommités sociales et leur faire désirer une vie meilleure ; il y avait bien assez pour elles des souffrances inhérentes au passage de tout homme sur cette terre, et l'expiation de leurs fautes qui doit s'achever dans un autre monde et devant une autre justice, commence, et souvent rudement, ici-bas par les déceptions, les tortures ou les remords de leurs conséquences. Qui pourrait pénétrer dans le secret de l'âme ou seulement de la vie privée de ce que nous nommons un heureux, frémirait d'étonnement et serait plus pénétré de commisération que d'envie ; et sans supposer les tourments d'une conscience coupable, quelle amertume, quel sentiment d'insuffisance ne laissent pas après leur assouvissement les jouissances matérielles chez ceux qui ont pu les éprouver toutes ! La lie, entendons-nous dire à ces gens blasés, se rencontre immanquablement au fond de la coupe des voluptés sensuelles avant le désaltèrement complet. Et même après les nobles plaisirs d'un autre ordre, avec quelle ferveur ne voyons-nous pas les plus belles âmes et les plus hautes intelligences lever, de cette vallée de misères et de tristesses, leurs yeux brillants de foi et d'espoir vers les sphères éternelles! Oh! certes oui, la souffrance et l'insuffisance sont essentiellement dans les destinées terrestres; les joies parfaites ne sont qu'au ciel. Oh! oui, retirons nos frères de la misère; mais ne les abusons pas de la décevante idée d'un complet contentement par la possession des biens matériels: ils ne l'y trouveraient pas; ce n'est pas là qu'il est.

Pour revenir à la propriété, dont la convoitise est la source de tous ces mauvais sentiments et de toutes ces funestes doctrines, je dirai que son droit est absolu et qu'il n'y a de sujet à restriction que son usage, qui doit être réglé par la moralité du possesseur seulement, tant qu'il ne nuit pas directement à autrui; contenu ou ramené dans cette condition par la moralité et la loi, tant que l'individu peut avoir conscience du mal qu'il produit; par la loi seule, si le tort n'étant ni direct, ni immédiat, peut n'être ni aperçu ni compris par lui. C'est en dedans de ce cercle, au-delà duquel l'action individuelle deviendrait dommageable à quelqu'un, que se trouve le monde absolument personnel, l'espace où chacun peut exercer complètement son libre arbitre, son goût, ses fantaisies même, sans être justiciable que de sa propre conscience ou des effets de ses actes.

Voilà le champ de la vraie liberté, qu'il est impie
de confisquer ou seulement de rétrécir, car il est
marqué par Dieu même pour le théâtre du combat,
du bon et du mauvais génie de chaque mortel, des
mérites et de la gloire finale de celui-ci, si le bon
triomphe; de ses expiations et de sa chute, s'il se laisse
subjuguer par l'autre. L'œil des hommes y est super-
flu, car le plus clairvoyant des témoins y est sans
cesse présent, et il sera à la fin le juge le plus équitable. L'homme est presque toujours inique et partial
à se substituer à lui : voyez, par exemple, ce socialiste,
qui voudrait déposséder celui qui n'emploie pas assez
bienfaisamment sa propriété, qui n'y travaille pas;
il n'est nullement disposé à déposséder de même
l'ouvrier dont le salaire est dépensé en débauches
au lieu de servir à l'entretien de sa famille, et cependant, quel est le plus coupable? De celui-ci qui
manque à un devoir sacré ou de l'autre qui seulement n'a pas l'inspiration d'un sentiment discrétionnaire ?

Et quant à ne pas travailler soi-même sur ses biens,
c'est là un reproche d'ouvrier ignorant, entiché de
sa partie, et aussi celui d'un auteur qui ne trouverait
rien de mieux à faire de la France, si on la lui livrait,
que de l'enfermer toute dans un atelier. Je ne m'ar-
-rêterai pas davantage à ce reproche, je ferai seulement remarquer que c'est dans l'espérance de pou-

voir ne plus travailler un jour que l'ouvrier lui-même travaille tant.

Mais votre système, me dira-t-on, tend à développer l'intérêt personnel? D'abord cela n'est pas mon système, c'est celui de la nature humaine que je n'ai, moi, nulle prétention de remplacer; et, en définitive, où est le mal de ce développement? il faut ici s'entendre; s'il s'agit de cette misérable tendance à faire tout converger vers son individu, à rapporter tout à soi, à réduire tout aux misérables proportions des soins de sa personne : c'est un sentiment rapetissant, répugnant; c'est un principe de mort sociale; c'est l'égoïsme. Mais s'il ne s'agit, au contraire, que de faire tout diverger de soi, de se prendre comme point de départ et non comme but; c'est la condition et le moyen de l'expansion la plus ample, la plus étendue et la plus variée du génie d'une nation, par la réunion de toutes les expansions individuelles, et c'est ce principe, entièrement moderne, qui donne à notre société une si grande supériorité sur les sociétés anciennes, si étriquées, si monotones, dirigées vers un but unique, hors des moyens duquel tout était condamné ou dédaigné comme étant du luxe. Aussi ce dernier mot, toujours employé emphatiquement et à faux dans des déclamations vertueuses qui sentent le collége et les classiques latins, a-t-il dû changer de sens pour notre civilisation. Si l'on entend par là ce qui

dépasse les moyens de fortune, c'est un excès, actuellement encore et en tout temps, condamnable ;
mais, si l'on entend ce qui dépasse les nécessités ru-
dimentaires de l'existence, ce qui la rend plus commode, plus agréable, plus artistique ; au lieu d'être
rejeté comme anciennement, c'est au contraire aujourd'hui la base fondamentale de nôtre développement social. En effet tout objet nouveau, n'est-il
pas une idée réalisée? Le nombre et la grandeur des
uns n'est-il pas en rapport direct avec le nombre et
la grandeur des autres? Et au lieu de restreindre
notre grand pays aux étroites libertés des petits Etats,
ne devons-nous pas, au contraire, nous trouver heureux que notre terre puisse renfermer tant de variétés, tant de branches différentes de commerce, d'industrie et d'arts? Ne devons-nous pas nous glorifier
à la vue de ce faisceau de connaissances, dont les innombrables et diverses branches s'élancent toutes,
avec une belle vigueur, vers la perfection, et multiplient les sens de l'homme, ses plaisirs et ses forces?
Avec l'Olympe tout sensuel des payens, il y avait à
craindre cette trop grande perfection terrestre qui
aurait rendu leur autre vie inutile et ennuyeuse ;
mais avec notre ciel, où les âmes s'envolent si dépri-
ses des choses d'ici-bas, tous ces progrès ne portent
qu'à admirer de plus en plus Dieu dans l'infinie variété de son œuvre et à élever de plus en plus vers lui

nos désirs et notre intelligence. Dans ces petits pays dont nous venons de parler, où les habitants sont tous placés sous les mêmes conditions d'intérêt, où les nécessités du sol et de la position déterminent évidemment l'unique route à suivre, tous ceux qui s'écartent de cette voie indispensable nuisent à eux-mêmes et à la chose publique. Mais dans un grand pays varié de situations, de température, de modes de vivre et de prospérer, chaque division apporte à la masse commune ses produits, les y échange, et la richesse générale se forme de cet écoulement et de cette réciprocité, et se résume en un centre où elle fait briller les beaux-arts, où elle fait naître, vivifie, perfectionne les intelligences, où elle porte enfin au plus haut point la gloire et la splendeur de la nation. C'est le déploiement complet du génie humain ; c'est le magnifique spectacle de l'humanité en mouvement ! Ce n'est donc pas la moins bizarre de nos erreurs actuelles, que de prendre les anciennes idées républicaines comme les idées les plus progressives, les plus avancées, tandis qu'elles sont en réalité si en arrière de celles qui meuvent notre siècle et doivent mouvoir les siècles futurs.

Ici vient se placer le grand épouvantail de M. Louis Blanc, *la concurrence*, qu'il trouve plus commode de supprimer que de régler. C'est ainsi que procèdent ces grands réformateurs ; ils nient ce qu'ils ne comprennent ou ne sentent pas ; ils détruisent ce qu'ils ne savent maîtriser : c'est le propre de tous les incapables. La concurrence est un usage de la propriété qui doit être soumis à toutes les conditions règlementaires que nous avons indiquées, mais qui est pleinement libre aussi en dedans de leurs prescriptions. La concurrence effrénée, c'est l'immoralité, c'est l'anarchie, c'est le chaos de la misère ; la concurrence, limitée et ordonnée, devient la bonne émulation et la source des plus grands progrès.

Il n'entre pas dans mon plan de traiter cette question d'une application particulière de la propriété dans tous ses détails, mais je dois dire que je ne la trouve pas plus difficile à résoudre que toute autre question publique, avec l'aide de la moralité et de l'humanité dans le pouvoir, sans lesquels toutes ses œuvres seront, je le répète, partiales et vaines. La grande objection que M. Louis Blanc puise dans la maxime d'un des avocats qui plaidaient dans la cause des messageries, *qu'il est permis à chacun de se ruiner pour ruiner autrui*, ne serait forte que si cette maxime était juste, tandis qu'elle est exécrable et qu'elle n'a pu trouver place que dans une plaidoierie datant du régime de liberté et d'égalité moderne qui a perverti toute conscience chez les individus, et faussé toute saine notion de droit et de devoir, même chez les législateurs.

Cette fois encore, comme toujours, c'était l'abus de l'usage et non l'usage lui-même qu'il fallait supprimer. Dans cette cause particulière il me semble qu'il n'était pas si difficile de savoir à quel point de baisse des prix les grandes messageries étaient en perte, et par conséquent, où commençait leur intention coupable de nuire à autrui, et où l'action répressive de la loi juste et morale devait les atteindre ; car une pareille intention est essentiellement punissable, bien plus punissable évidemment, que le tort involontaire, qui n'exige de celui qui le commet que sa cessation. Le principe général, en fait de légitimité d'établissement industriel, doit être que, dans les conditions ordinaires et probables, il puisse marcher en payant à tout employé le plus inférieur un salaire suffisant pour vivre honnêtement et proprement. S'il ne peut pas satisfaire à ces conditions, il faut le prohiber, l'empêcher de se créer ; de même qu'il faut réprimer toute tentative comme celle des messageries, tendant à réduire à cet état, par des manœuvres immorales ou frauduleuses, une entreprise qui, dans l'état normal et de loyale concurrence, pourrait prospérer ou se soutenir. Avec ces règles de probité et de justice légales, avec les doctrines de bonne moralité et d'humanité dans les cœurs, l'action, les études, la perspicacité personnelles sont capables de bien plus beaux résultats que des prescriptions générales quelconques et je ne craindrais pas tous les milliards du monde ; sans elles, quoi qu'on fasse, quelque révoltes qu'il y ait, quelque révolutions qu'on tente et qu'on détermine, on n'empêchera rien. Cette nation est perdue où l'homme n'est plus estimé qu'en proportion de sa richesse et non de l'usage qu'il en fait. Dans l'état actuel de la France, si exceptionnel et si critique, il n'y a qu'une planche de salut, c'est, après avoir repris tous les travaux possibles, de tourner vers l'agriculture les idées et les vues des jeunes gens et des ouvriers non employés.

Mais ce qu'il y a de plus bizarre dans le bizarre système de M. Louis Blanc pour tuer la concurrence, c'est qu'il ne la tue pas. A supposer un instant que les contribuables consentissent à donner par l'impôt une partie de leur fortune pour aider à leur retirer le reste, c'est-à-dire pour fonder les ateliers sociaux ; à supposer que ces ateliers trouvassent à se recruter volontairement avec cette égalité de salaire, qui base le gain sur je ne sais quelle égalité de droit et non sur la valeur de l'ouvrage, et qui ne peut faire le compte que des plus paresseux et des plus incapables ; à supposer que, dans les élections, ces travailleurs angéliques ne laissassent jamais le chef simplement capable pour prendre le flatteur, le hâbleur, le grand prometteur de merveilles au bout d'une bien moindre besogne ; à supposer que ces êtres modèles eussent constamment confiance dans la gestion, les prescrip-

tions et les renseignements des chefs centralisateurs
et directeurs généraux , et que ceux-ci ne fussent
jamais tentés d'abuser de cette aveugle confiance ; à
supposer enfin tous ces miracles, qui trouveraient un
écolier de sixième incrédule : où prendraient tous
ces gouverneurs , tous ces génies tutélaires, la puissance d'arrêter la concurrence des autres nations,
d'empêcher leurs nouvelles découvertes et leurs nouveaux perfectionnements , d'empêcher leur ligue
pour abattre notre colossal établissement? J'invite
l'école socialiste à résoudre cette difficulté ou à convertir le monde avant d'essayer leur sublime , beaucoup trop sublime système.

Il n'existe d'excuse à de si étranges erreurs que
lorsqu'elles proviennent de l'impression profonde et
désintéressée produite sur le cœur par le spectacle
déchirant des effroyables misères qu'endurent les
classes inférieures , et par un désir plus ardent
qu'éclairé d'y mettre un terme. La seule idée par laquelle on puisse croire un instant y parvenir, sans propriété ni hérédité particulières, est celle de la substitu-
tion de l'intérêt et du sentiment général et abstrait de
la patrie, aux intérêts et aux sentiments privés. Mais
cette illusion repose sur le manque total d'observations pratiques et sur la plus complète ignorance du
cœur humain et des éléments qui peuvent y former
le sentiment national ; car il est impossible de forcer

un peuple à se passionner et s'intéresser pour des
généralisations abstraites; il n'y a que des intelligences exceptionnellement robustes, et déjà longuement exercées aux pures opérations de l'esprit et de
la logique ainsi qu'au maniement des idées qui le
puissent. L'homme en général en est incapable,
parce qu'il ne peut bâtir et coordonner complètement dans son intelligence un édifice métaphysi-
que considérable, ni surtout y garder l'incrustation
bien nette et persistante de toutes ses parties et de
leurs rapports. Il n'y a rien qui refroidisse tant
que d'être obligé d'aller chercher un sentiment au
bout d'un raisonnement aride; la nuit surprend
presque toujours en chemin et celui même qui arrive
au but, oublie vite des impressions passagères auxquelles il a atteint si difficilement, et grâce seulement
à d'épuisants et opiniâtres efforts, qu'il n'a nulle
envie et qu'il n'aurait peut-être pas le pouvoir de
déployer de rechef. Il lui faut donc des sensations
immédiates et habituellement ressenties ou facilement
à sa portée par leur contiguïté, parce que son point
de départ est son individu, qu'il ne s'épanche que
par rayonnement et qu'il est en général peu apte à
l'absorption. Sa méthode est essentiellement synthé-
tique et c'est la plus sûre; car où est l'intelligence
pouvant envelopper *à priori* le monde humain ou
seulement une société qui n'en est qu'une partie par

son étendue visible, mais qui l'emplit dans sa dila-
tation, en retrouver et examiner dans son analyse
tous les phénomènes, toutes les idées, les sentiments,
tous les intérêts et les goûts dans leur infinie variété,
avoir toujours la multitude de leurs impressions pré-
sentes et conserver incessamment leur classement
relatif? Il n'y a, il ne peut y avoir de complet analyste
que Dieu ; il n'y a que sa tête qui contienne l'univers,
et la pensée de le supp'éer est à faire frissonner tous
autres que des philosophes socialistes, qui prétendent
superbement contraindre le monde à entrer dans
les étroites gaînes de leur conception et limiter
son expansion infinie aux parois de leurs cerveaux.
Aussi dans leurs créations que d'exiguïté, que d'es-
paces vides, que de lacunes, que d'intérêts oubliés,
que de manières d'être incomprises, que de choses
ignorées !

Leur œuvre dans l'œuvre du créateur est comme
un point dans une sphère sans mesure ; mais comme
un point sanglant, car la sensibilité de tête ne s'acquiert qu'aux dépens de la sensibilité de cœur, et il
leur faut toujours estropier et mutiler l'humanité
pour la faire pénétrer à force dans leurs moules.

L'exemple d'une armée que prend M. Louis Blanc
dans son livre pour appuyer son opinion peut servir
parfaitement, au contraire, à la réfuter et à en manifester les erreurs. « Mais quoi, s'écrie-t-il, est-ce

qu'il n'y a pas dans tout intérêt collectif un stimulant
très-énergique? Est-ce que ce n'est pas à un intérêt
d'honneur collectif que se rapporte dans l'armée la
fidélité au drapeau? Est-ce que ce n'est pas sous l'influence d'un intérêt collectif de gloire, qu'on a vu des
millions d'hommes courir avec enthousiasme au devant de la mort? » Non; l'intérêt collectif est le produit, mais c'est l'intérêt personnel, de gloire personnelle, qui en est, en même temps, le composant et
le stimulant. D'ailleurs, la gloire n'est pas, à proprement parler, un intérêt; c'est un sentiment dont
chacun possède en soi l'essence, et qui, par conséquent, influence et engage facilement tout le monde.
Mais l'intérêt de la division de cette armée en bri-
gades, en bataillons, en compagnies, en centre, en
grenadiers, en voltigeurs; l'intérêt des manœuvres
qu'elle exécute, des batailles qu'elle livre, de la
guerre qu'on fait avec elle; cet intérêt général qui se
ramifie et aboutit nécessairement à un effet intéres-
sant chaque soldat en bien ou en mal, ce soldat en a-t-
il l'intelligence? En a-t-il la conviction personnelle?
Évidemment non; il ne peut l'apprécier que par la
part qui lui en incombe et aussi est-il exposé à prendre des résultats accessoires ou préalables pour des
résultats définitifs, à juger du but sur des apparences
trompeuses, du tout sur la partie. Il n'est donc soumis que par sentiment du devoir, et du devoir, qu'il

ne regarde comme tel que sur la foi de principes
traditionnels ou d'une autorité plus éclairée et plus
expérimentée que lui. Dès que cette confiance disparaît, il se trouble, son devoir cesse de lui être clair,
et ce n'est toujours que par confiance dans les prescriptions secondaires qu'il continue d'en accomplir
les restes. Sans cela, livré à ses seules forces, il
tombe dans l'anarchie des idées et des inspirations,
dans le ballottement des résolutions contradictoires,
dans le désespoir. Et si, en cet état de confusion
inextricable où son imagination frappée est éminem-
ment accessible à toutes les impressions de frayeur
panique, aux soupçons les plus extravagants, on
a l'infamie de venir lui souffler des excitations
et des idées de révolte, lui insinuer que ses chefs
l'ont trahi, et ont eu l'intention perverse de le
réduire à cette position misérable où il s'est mis
lui-même s'il n'y a été entraîné par la force des
circonstances, lui promettre que son salut est dans
la déposition et le meurtre de ces chefs qui doivent céder la place aux déclamateurs; le massacre hideux, le chaos sanglant commencera aussitôt,
avec l'activité et la barbarie frénétique du désespoir
et des souffrances sur excitantes. Voilà précisément
l'image de la situation que les doctrines socialistes,
que vos doctrines font à la société; et vous prétendriez retenir et diriger l'homme par le devoir, lors-

que vous lui en avez retiré la conscience, lorsque vous avez fait bien pis que de détruire sa confiance dans toutes les autorités qui le lui indiquaient, que vous les lui avez fait prendre en exécration ou en mépris ; lorsque vous lui avez créé autant de devoirs que vous avez pu imaginer de systèmes différents ? Votre entreprise est trop évidemment insensée.

En même temps que vous commettez une si énorme erreur sur la faculté de perception dévolue à chacun, vous tombez dans une autre aussi grande à propos des sentiments d'humanité et de confraternité, que vous faites marcher et progresser précisément au rebours de la nature et de la réalité. Dans le fait, le sentiment est d'autant plus intense et plus chaud qu'il est près du foyer ; d'autant moins vif et moins dense qu'il s'en éloigne et que son rayonnement s'éparpille dans un plus vaste espace ; ainsi il est naturel d'avoir sa plus forte concentration d'affection sur son père, ses enfants et, de là, par dégradation successive, sur ses autres proches, sur ses alliés, ses amis, ses compatriotes de la même ville, du même pays, sur ses nationaux, pour venir aboutir plus vaguement sur l'humanité en général. Et bien ! vous niez ou vous prétendez changer diamétralement tout cela et amener l'homme à aimer d'autant plus qu'il a moins de fréquentation, de rapports d'habitude et de goûts ; qu'il y a moins d'affinités et de sympathies dans les mœurs et les natures, moins d'immixtion d'existence et d'échange d'impressions; l'amener à s'enflammer souverainement pour l'humanité en général, pour des inconnus, des étrangers, par exemple des Africains noirs, non-seulement de préférence aux blancs, mais même à leur grand détriment, puis pour le national, par cela seul qu'il est national, en venant, s'éteignant et se refroidissant, atteindre à sa famille qu'il doit voir avec indifférence, et abandonner ou du moins ne pas chercher à avantager. Voilà ce que l'on appelle pompeusement du civisme; voilà les conditions moyennant lesquelles on nous épargnera l'accusation d'égoïsme! Où est donc le grain de bon sens de toutes ces extravagances, qui puisse leur donner prise sur des gens raisonnables et expliquer l'adoption que nous en voyons faire à un si grand nombre? Allez, mon ami, disait lord Chesterfield à son fils en l'envoyant voyager, allez voir avec quelle petite dose de bon sens on mène le monde! A cette époque, il paraît que pour peu qu'il y en eût, il y en avait cependant encore; depuis nous avons progressé, et tellement, qu'aujourd'hui plus la doctrine est insensée, plus elle conquiert d'enthousiastes.

Il y a deux sources principales à cette aberration : l'une, tout-à-fait intéressée, dans la propension que les coureurs de popularité facile ont à s'occuper de réformes générales et lointaines qui ne les touchent

en rien (et dont les conséquences, si elles sont dé-as-
treuses, ne les atteindront point) ; ou bien de réformes
spéculatives sans probabilités, sans apparences de
réalisation, pour acquérir ainsi à peu de frais une
grande et profitable réputation de philantropie ; l'autre dans la confusion, peut-être involontaire, que
l'on fait et que j'ai déjà signalée à propos des intérêts,
de ce qui a l'individu pour centre avec ce qui l'a pour
but, de l'individualité avec l'égoïsme, ce qui est essentiellement différent. De là, la prétention d'an-
nuler l'action propre du *moi*, d'éteindre le foyer de
sentiments et de conscience qui a été mis dans chacun de nous, pour contraindre l'humanité à aller les
puiser à portion égale, au réservoir commun d'un
être de raison imaginé par les idéologues à leur taille
et à leur fantaisie, prétention dont l'impossibilité ne
retire pas l'impiété et la barbarie de l'intention, projet d'égalisation à la Procuste, devant lequel c'est bien
le cas de crier à ces bourreaux : *l'homme vient au
monde avec la faculté et le droit inaliénables de s'y développer par sa puissance et dans toute sa liberté individuelle.* Du reste on aura beau vouloir et faire, on ne
parviendra pas à anéantir l'appréciation personnelle ;
on ne parviendra pas, en définitive, à resserrer les
limites que Dieu seul a assignées et aperçoit à l'expansion des individus et des sociétés, et la vraie splendeur des nations résultera toujours de la somme des

splendeurs particulières qu'elles recèleront dans leur sein. « Les peuples ne durent, a dit excellemment Bossuet, qu'autant qu'il y a des élus à tirer de leur multitude ; » et, dans l'ordre politique, c'était la même pensée de Bonaparte, lorsqu'aux conférences d'Amiens il disait à Fox : « Trois ou quatre hommes comme vous, et l'Angleterre serait la première nation du monde ; » et, dans lui-même, pourquoi applaudissions-nous tant à toutes les preuves d'ordre, de grandeur, de générosité, de clémence, d'ambition du moins noble et digne si elle était démesurée, qu'il a produites aux yeux et à l'admiration du monde? c'est qu'à l'éloge éternel de nos pères, tout Français d'alors, en consultant son âme, y trouvait ces mêmes sentiments, ces mêmes désirs glorieux, ces mêmes exagérations si séduisantes et était enivré de leur idéal interprète, de leur si magnifique représentant! A cette héroïque époque de notre histoire nos cœurs agrandis vibraient à l'unisson : une autre nation plus positive, moins impressionnable aux belles idées, moins magnanime que la France d'alors ne se fût pas, à ce point, émue d'un grand homme. La France d'aujourd'hui ne s'en émouverait plus autant; elle a, je le crains bien, et je le dis le cœur plein d'amertume, perdu la complète faculté de ces si pures, si dévouées et après tout si humaines inspirations. Hélas! pour elle, comme l'a dit le poète populaire, le temps n'est plus des trépas glorieux ! et dans cette situation, il y a des barbares qui voudraient nous retirer jusqu'à l'espérance en l'avenir!

La société des socialistes reposerait donc sur trois erreurs monstrueuses : dans l'ordre des intérêts, dans l'ordre des idées, et dans l'ordre des sentiments; aussi non-seulement serait-elle impossible à réaliser, mais est-elle impossible à concevoir même rationnellement.

Or, quels sont les moyens et les conditions de restauration et de raffermissement de celle qui doit subsister, et qui est disjointe au point de donner place, et presque victoire dans son sein à de pareilles divagations?

Il est facile de les tirer de cet écrit et de l'exemple des misères et des révoltantes conclusions des systèmes qui s'écartent des principes éternels que j'y ai remis en lumière; je dirai donc aux hommes publics :

L'urgence est à faire rentrer dans leur lit et leur volume naturel ces ambitions débordées qui prétendent toutes à monter au pouvoir et qui croient parvenir également à sa hauteur en ajoutant proportionnellement l'immense développement de leur présomption aux médiocres dimensions de leur capacité. Vous avez trop exalté chez chacun le sentiment de sa force, enseignez-lui désormais à retrouver aussi le sentiment de sa faiblesse. Aujourd'hui personne parmi nous ne veut obéir, tous prétendent au commandement, personne ne veut écouter, tous parlent et dogmatisent, voilà notre malheur. La France est apoplectique d'orgueil ; détruisez tout ce qui reste encore de barrières, d'inégalités, de priviléges ; mais rendez à chacun conscience des inégalités constitutives de la nature même ; effac z de vos chartes tout mot équivoque, ce sinistre mot d'Égalité, gros de tous nos orages passés et futurs, que tous comprennent si mal, si funestement, sans en excepter des gens éclairés, monsieur Louis Blanc entre autres, qui, à la page 181 de son ouvrage, dit : « Ne savez-vous que d'un bout à l'autre de la société, ce cri magique d'*égalité* a retenti, qu'il a pénétré dans toutes les âmes, et qu'*il a éveillé des désirs jusqu'ici inconnus?* » Refrénez ces désirs immodérés, ces désirs inconnus, trop connus aujourd'hui par tous nos malheurs ; enseignez que si chacun a droit à la même protection dans sa position sociale, chacun aussi doit commencer par s'en accommoder ; chacun doit s'y maintenir ou y être maintenu, à moins qu'avec les seules forces de son intelligence et de sa moralité, et non au moyen d'excitements artificiels et éphémères, il soit capable de s'élever vers les sommets par les bonnes routes, qui seront toujours difficultueuses, mais qu'on a

droit de voir complétement débarrassées d'obstacles
et de retards purement conventionnels. Enseignez-
à l'homme cette profonde vérité que le bonheur n'est pas dans la place qu'on occupe, mais
dans la manière dont on la remplit; que toutes
les hauteurs sont égales devant Dieu, qui nous y a
étagés, et qui nous y voit partout également, peut-
être avec plus de sollicitude aux plus basses. Acceptez,
si vous le voulez, la fraternité comme sentiment,
non comme prétention, ou, plutôt, laissez de côté
toutes ces nouvelles devises, toutes ces fanfaronnades
de notre vanité, tous ces symboles d'arrogance et
d'ingratitude qui nous ont conduits où nous sommes, et remplacez-les par l'ancien cri de France si
précis, si compréhensible pour tous, si sublime en
même temps que si respectueux, si touchant dans sa
simplicité : *Dieu et la justice pour tous; protection
aux faibles et assistance aux malheureux!* Avant de
donner plus d'instruction au peuple, refaites son
éducation! ne voyez-vous pas qu'il s'est perverti
par toutes nos révolutions et nos révolutionnaires?
Que lui apporterait aujourd'hui plus d'instruction,
sinon plus d'activité et d'habileté dans des voies détestables? Vous connaissez les bons préceptes, nous
n'en doutions pas, et, parmi d'autres hasardés, vous
les mettez en tête de votre constitution future; mais
qu'en attendez-vous donc, tant qu'ils ne seront que

là ? Gens incorrigibles ! toujours des mots et rien que des mots ! Pour que vos maximes obligent, ce n'est pas là, sachez-le bien, qu'elles doivent se graver, mais bien dans les cœurs ; elles n'y sont point et vous n'avez pas, personne aujourd'hui en France n'a assez d'autorité pour les y faire pénétrer. C'est cette autorité qu'il faut donc d'abord et indispensablement recouvrer, et, si vous y parvenez, ce sera, soyez-en convaincus, non par un appel à la mémoire, mais par un rappel à la conscience ; non par de la philantropie dans les livres, mais par de l'humanité dans les actes ; non par des richesses en projet, mais par du bien-être en effectif ; non par des phrases qui restent des phrases, mais par des faits ; non par ces éloges exagérés, ces adulations de la peur ou de la bassesse au tyran du jour, qui le perdent et dépravent de plus en plus son jugement, mais par la véracité, par plus de dignité dans les caractères et de tenue dans la conduite, car ce sont les nations qui meurent, lorsque les individus, à tout prix et sous toutes conditions, y tiennent à vivre ; non par tant de recommandations, aujourd'hui vaines parce qu'on les croit simplement intéressées de respect à vos décisions, mais par l'exemple de celui qu'on vous verra porter vous-même à des autorités et des principes de supériorité immuable ; non par un sot dédain de tout ce que firent et pensèrent nos pères, mais par la re-

connaissance et l'adoption de leurs résultats acquis
et des admirables modèles qu'ils nous ont laissés,
par des hommages sincères pour ce qui a été honora-
ble et beau de tous temps et sous tous les régimes ;
non par une indifférence tristement superbe pour les
saintes croyances, mais par une foi profonde et un
espoir senti en Dieu. Le retour des premiers rangs
de la société à la moralité, la remoralisation du peuple français, voilà la grande œuvre de l'époque et
pour cela nous avons tous à revenir en arrière, les
uns pour y retrouver des principes, les autres de la
modestie et de la docilité ; nous avons tous à reconnaître que nous avons dévié, les uns en allant trop
loin, les autres en cédant la place sans cœur, sans
noblesse. Rentrons tous à nos postes, tenons-nous y
fermement, mais consciencieusement, et la France est
sauvée ; la France, rassise chez elle, brillera encore
sur le monde comme le resplendissant phare des des-
tins de l'humanité. Sans cela, avec l'ignorance et
l'endurcissement ou la mollesse du cœur chez les
uns, l'arrogance et la révolte chez les autres, le culte
du veau d'or chez tous, quoi que nous fassions, quoi
que nous imaginions dans les formes, nous sommes
perdus ; nous périrons soulevés les uns contre les
autres au sein de notre mère dont nous déchirerons
les entrailles dans de hideux combats, et nous ne
léguerons à nos enfants qu'une patrie en ruines, que

des monuments dispersés, que des mémoires maudites ; nous ne leur laisserons que le deuil éternel d'une magnifique nationalité disparue à porter et nos ossements à rechercher dans l'immense fosse commune de nos discordes civiles. Dieu sauve la France ! Dieu nous sauve de nos propres fureurs !

TROISIÈME PARTIE.

___

DU GOUVERNEMENT.

Je ne sais rien de plus triste que notre prétention actuelle de remplacer, par une espèce d'hôtellerie ouverte à tout venant, le temple séculaire du pouvoir et de l'autorité que nous avons démoli aux cris d'une joie sauvage, après en avoir chassé pêle-mêle les faux et les vrais prêtres, les dieux mauvais et les dieux tutélaires. Je gémis d'avoir vu le peuple, avec l'aveuglement habituel de ses satisfactions, poser en vainqueur sur son œuvre de ruines, ne soupçonnant pas que ce n'était pas seulement les chaînes brisées du despotisme qu'il traînait, mais aussi celles alourdies et multipliées des misères de ses enfants qu'il venait de river à son char de triomphe ; ne soupçonnant pas que dans ce vieil et bel édifice de la puissance publique, se trouvait le palladium de ses vraies libertés, et qu'en le renversant, il marquait au pied, de ses lambeaux, la place des luttes sanglantes d'une longue suite de générations.

C'est aujourd'hui, plus que jamais, le moment de dire à ce peuple, autant de fois désabusé que séduit, autant de fois plus accablé et plus opprimé que victorieux, qu'il n'y a pas de bonne révolution par les armes; car un pouvoir conquis n'est pas un pouvoir gagné, tant s'en faut, et la plupart du temps, on ne voit chercher à le prendre ainsi d'assaut que ceux à qui la conscience de leur incapacité ou de leur indignité indique qu'ils ne sauraient y parvenir autrement. C'est donc le plus souvent un simple changement d'individualités mauvaises par d'autres pires encore, et c'est ce qui fait qu'il n'y a pas de gouvernement établi et habitué à la pratique des affaires, quelque défectueux qu'il ait été d'ailleurs, que son successeur par violence ne se charge vite de faire regretter.

Celles de ces révolutions mêmes que l'on entreprend en faveur de droits méconnus ou de grands intérêts lésés, se font trop chèrement payer à la commune patrie; car, après la victoire, elles sont toujours exploitées presque à discrétion au profit des vainqueurs: en 1793, au profit du bas peuple ; en 1815, au profit des ultrà-absolus ; en 1830, au profit des bourgeois et des spéculateurs ; d'où nous voyons que toutes les conquêtes en politique ne sont que des triomphes de parti, et que les résultats vraiment nationaux ne peuvent s'obtenir que par fusion, par concert et point par antagonisme. Non ! et la conscience de chacun doit enfin suffire à le lui indiquer ; non ! il ne saurait y avoir de bon progrès au bout d'une route jonchée de cadavres et tracée dans le sang ; non ! il n'y a pas en soi-même de révolution violente légitime, et c'est bien assez de la possibilité de légitimation de quelques-unes, en considération de leurs produits généraux définitifs. Ce sont des remèdes héroïques qui ne se justifient que quand ils sauvent le corps tout en le mutilant, et encore n'est-on parfois excusable d'y avoir recours que dans les cas les plus extrêmes et dans l'ignorance des remèdes réguliers qui, immanquablement, existent. Voyons l'histoire, les révolutions y ont plus tué que sauvé d'empires, et leur fréquence a toujours été un symptôme de rapide décadence et de ruine prochaine.

Ce qui rend encore plus effroyable et plus désastreuse, chez nous, l'admission du principe d'insurrection, c'est qu'avec notre centralisation excessive, dans une ville populeuse et manufacturière, et par suite, toujours garnie d'un grand nombre d'intrépides bandits ou de malheureux mécontents, le renversesement du pouvoir peut n'être que l'affaire d'une surprise, l'affaire d'un audacieux coup de main, dont la province a accepté ou subi jusqu'ici le succès avec une étonnante docilité. La facilité de ces entreprises pour lesquelles il ne faut que des armes, de la tactique et de l'à-propos, sans nulle preuve d'intelligence politique ni de moralité, excite à les renouveler continuellement et d'autant plus délibérément, qu'avec le principe admis, l'échec de la tentative ne prouve pas contre sa légitimité; il ne prouve que la faiblesse numérique ou l'insuffisance des moyens et des dispositions d'attaque, et ce n'est que partie remise à meilleure occasion!

Chose hideuse! ce magnifique pays de France, son gouvernement, ses richesses, ses forces, ses tribunaux, ses temples sont devenus à la merci d'une barricade bien ou mal défendue! et c'en est arrivé à ce point incroyable que l'occupation d'attaquer le pouvoir constitue à elle seule un métier comme un autre; que dis-je, plus prisé qu'un autre, et parfois immensément plus lucratif, puisqu'il peut faire parvenir à la première puissance; on y avoue hautement sa vocation, et, à la demande de leur profession, beaucoup maintenant se contentent de répondre fièrement, *conspirateur* (*).

(*) On les réduit, sans doute, le plus souvent, quand on est sur ses

« Nous marchons de crimes en amnisties et d'amnisties en crimes, s'écriait Vergniaud, navré des conséquences de ces pernicieuses doctrines de rébellion qu'il avait lui-même d'abord approuvées et propagées avec une si imprudente ardeur; un grand nombre de citoyens en est venu au point de confondre les insurrections séditieuses avec la grande insurrection de la liberté, de regarder la provocation des brigands comme les explosions d'âmes énergiques et le brigan-

---

gardes et qu'on ne se laisse pas niaisement endormir par leurs protestations d'innocence et leurs faux semblants de philantropie, qui ne sont que des ruses de guerre ; mais c'est l'erreur constante et funeste de tous les pouvoirs assis de croire la lutte finie avec leur dernière victoire, tandis qu'elle n'est qu'ajournée et qu'en silence elle reprend des forces de toutes les nouvelles fautes, et se recrute de tous les nouveaux mécontents. Des coups de fusils ne tuent pas le droit qu'on croit avoir, ne tuent pas les idées qu'on émet en symbole; au contraire, les plus exécrables trouvent une certaine fécondation et une certaine auréole dans le sang de leurs sectaires. Il n'y a pour vaincre le faux droit que la démonstration et l'enseignement du vrai ; il n'y a pour anéantir de mauvaises idées qu'une discussion libre, que la lumière de l'évidence éclairant leurs erreurs, que l'antagonisme des bonnes. Il en est de tous les faux systèmes comme de certaines grenades d'artifice ; en les comprimant on les fait éclater avec grands ravages d'explosion ; en les entr'ouvrant, on analyse impunément les secrets de leur composition et on en détruit les effets. Aussi doit-on pressentir que je suis pour la liberté de la presse la plus complète, tant que ses prédications ne seront pas immorales et tant qu'elle ne visera pas à l'escalade du pouvoir ou qu'elle ne tendra pas à y faire une brèche par où elle puisse s'y précipiter par surprise. Pour le salut de tous, l'édifice du pouvoir doit être et rester inexpugnable à toute attaque de vive force, et l'on ne doit pouvoir y entrer que par la grande porte à la vue de la nation entière.

dage même comme une mesure de sûreté générale. »
Il n'y avait là rien qui dût étonner un homme judicieux !

Dans l'arène des luttes, où est le signe certain de
démarcation? qui le posera et qui ne se croira le droit
de le poser à son tour ? qui aura autorité pour le
faire respecter? la majorité, disent fièrement quelques-uns des conservateurs du jour, séditieux de la
veille, qui ont vite oublié ce qu'ils pensaient alors
de ce même moyen et comment ils en suspectaient
et déclinaient le témoignage, quel est le pouvoir
établi ou parvenu qui n'a pas eu une majorité en
France? les Girondins l'avaient encore quand
Vergniaud, leur chef, prononçait les paroles précédentes; le lendemain c'étaient les Montagnards; le
surlendemain les Directeurs; Bonaparte l'a eue;
Napoléon l'a eue; les Bourbons en 1814; Napoléon
dans les cent jours; les Bourbons de nouveau en
1815 jusqu'en 1830 l'ont eue; depuis lors, Louis-
Philippe l'a obtenue à son tour pendant dix-huit ans,
et plus nombreuse que jamais au moment de sa
chute. Oui, dites-vous, mais ces majorités étaient
factices, la nôtre seule est la bonne, — cette prétention a été aussi celle de tous les gouvernements que
je viens de citer — ces majorités étaient partielles,
insuffisantes; nous, nous avons employé le suffrage
universel; — mais Bonaparte consul, Bonaparte em-

pereur l'a employé aussi ; — oui ! Mais il avait été faussé, influencé ; — oh ! et le vôtre, qu'en dit-on ? qu'en disent même la plupart d'entre vous, précisément les vrais soldats de la victoire ?

Le suffrage universel aussi peut donc être vicié ? Ses indications peuvent aussi être inexactes ou mauvaises ; non-seulement une partie, mais l'universalité n'est donc pas infaillible ? Cruel aveu, qu'avec quelque bonne foi vous eussiez fait avant février, ou conviction tardive que vous auriez depuis longtemps acquise avec plus de discernement politique et moins d'outrecuidance.

Que conclure de cela ? Qu'il faut rejeter toute indication de majorité, qu'il est oiseux de consulter le pays ? A Dieu ne plaise, mais seulement qu'il y a des indices de la justice et du droit plus sûrs que ceux du nombre quel qu'il soit ; qu'il y a de grands principes planant sur l'humanité entière et que les majorités, les nations même doivent subir, car nul n'est souverain en face du souverain suprême ; nul n'a autorité contre l'autorité de la toute-puissante sagesse. Il ne faut donc voir, même dans les meilleures et les plus exactes de ces majorités, que ce qu'elles ont, ce qu'il leur est donné d'avoir en elles : l'image fidèle d'un pays qui peut être égaré ou confus.

Mais, en ce sens, leur signification est si précieuse que c'est le plus grand des crimes que l'on puisse

commettre sur une nation que de tenter de les faus-
ser, parce que pour cela il faut corrompre, il faut
tuer la vie de la conscience, seule intuition que nous
ayons ici-bas de la vie parfaite et éternelle; il faut
infuser dans les veines le lourd et perfide poison des
jouissances physiques qui éteint la vive ardeur des
voluptés morales et la perception des vérités immua-
bles, qui étouffe l'âme, ses élans infinis, ses espérances, ses clartés, sa foi, dans les mollesses et les
plaisirs opaques du corps et qui affaiblit notre vue
au point de limiter son horizon à celui, si court et
si aride, de notre existence terrestre; enfin, parce
que cette falsification empêche l'homme d'État, véritablement digne de ce beau nom, l'homme capable
d'être le grand résumateur de cette encyclopédie de
la situation que l'on appelle chambre, de recueillir
des notions exactes et complètes, des impressions
justement proportionnées des vœux et des besoins du
pays sur lequel il lui est bon et salutaire d'agir; soit
comme médecin, pour lui indiquer les vrais remèdes
à ses plaies; soit comme guide, pour éclairer sa route
ou la rectifier à la lumière du magnifique flambeau
de son intelligence; soit comme chef prudent en son
ardeur et habile calculateur du but et des moyens
pour le conduire aux progrès collectifs. Celui qui se
borne à dominer une représentation mutilée ou fal-
lacieuse, ne gouverne pas la nation et n'est réelle-

ment qu'un chef de bande ou, tout au plus, un chef de parti! L'importance d'une bonne Chambre est donc primordiale et, en pensant à l'aide, aux garanties et à l'ampleur de coup-d'œil qu'elle procure aux gouvernants, on ne pourrait pas croire à la peine, en définitive toujours inutile, que la plupart se donnent pour la corrompre, si l'on ne savait par expérience jusqu'où peuvent aller l'aveuglement et l'opiniâtreté des hommes systématiques et combien ils sont enclins à ne regarder la nation qu'avec les yeux auxquels ils sont parvenus à faire prendre la même direction étroite et les mêmes voiles que les leurs. L'entêtement dans sa propre infatuation, voilà le plus ordinaire écueil et pourtant le plus désastreux défaut d'un personnage politique.

Je suis donc pour le système électoral à la plus large base, non parce qu'il donne les meilleurs produits, car il y a une grande différence entre être le mieux, et être le plus représenté; non parce qu'il est le plus populaire, car la vraie popularité d'un gouvernement ne consiste pas tant à y faire participer tout le peuple qu'à tirer de lui ses éléments directement, sans privilèges ni obstacles fictifs; mais parce que si les votants peuvent y être abusés et séduits, ils ne sauraient, du moins, y être en masse achetés. Je ne vais cependant pas jusqu'au suffrage universel que je trouverais simplement inutile, s'il n'était prétentieux et si je n'y voyais une adulation d'un détestable esprit pour le bas peuple. La multitude ne pense ni ne voit rien par elle-même en politique et y subit absolument la direction de ses influences immédiates, qui, elles non plus, n'ont d'horizon qu'en proportion de la hauteur de leur point de vue social. La véritable question ne descend donc jamais parmi le peuple ; elle reste chez ceux qui ont action sur lui, de qui il prend ou reçoit son mot d'ordre. Ainsi avec une liste électorale qui comprendrait toutes ces influences, le déplacement des masses deviendrait une opération oiseuse, et c'est ce qui a évidemment paru aux dernières élections.

Du reste, si l'on tient à persister dans le mode compliqué actuel, je l'accepte très-volontiers après ces observations. Les produits de cette sorte d'élection seront une chambre moins éclairée, moins capable, mais plus nombreuse que les précédentes et ainsi encore plus difficilement corruptible, ce qui est devenu malheureusement chez nous le point capital. D'ailleurs on se fait en France d'étranges illusions sur les effets de la participation du plus grand nombre à la nomination des députés ; ils sont souvent le contraire de ce que cela semblerait devoir être et j'en peux prendre un exemple frappant en Angleterre, à l'époque de sa réforme électorale.

Chacun se rappelle qu'auparavant il y avait dans le recueillement et le nombre des suffrages suffisants à la nomination d'un député des différences et des anomalies tellement choquantes qu'elles étaient parfois très-ridicules ; ainsi, par exemple, des villes de cent mille, deux cent mille âmes comme Manchester, Birmingham, n'en nommaient point, tandis que des hameaux en nommaient plusieurs, et que dans certains bourgs pourris composés d'une seule maison, le maître se nommait lui-même en famille. La loi de réforme mit fin à ces irrégularités vraiment monstrueuses ; eh bien, que s'ensuivit-il aux élections? Le parti libéral y perdit vingt voix ! tant il est vrai que le discernement politique n'appartient pas aux masses.

La réforme anglaise ayant transporté les élections des bourgs pourris aux centres manufacturiers, les avait mises au pouvoir des chefs d'industrie qui, par intérêt et par direction habituelle de leurs idées, ne sont jamais ni très-libéraux ni réformistes.

Mais qu'est-ce qui sauve l'Angleterre en dépit de toutes ces étrangetés, en dépit des scandales de ses polls électoraux où les suffrages sont littéralement achetés à beaux deniers comptants? c'est que les hommes qui ont ainsi acheté ne sont pas eux-mêmes à vendre ; c'est que les députés sont des gens indépendants, et non, comme chez nous, de tristes hères;

de pauvres nécessiteux tout prêts à demander au pouvoir l'aumône d'une place et à passer par où il plaira pour l'obtenir ; c'est que dans ce pays si peu rempli de fonctionnaires vivant uniquement du budget, de spécialités purement bureaucratiques et administratives, les assemblées ont une signification plus essentiellement politique. Si les idées n'y sont peut-être pas aussi élucidées que chez nous, elles y sont beaucoup plus pratiques ; s'il n'y a pas autant de talents ressortants que dans nos chambres, il s'y trouve, en salutaire revanche, bien autrement de bon sens pour juger les projets, le but et l'effet des doctrines et des tendances de ces supériorités. On n'y est pas si facilement enthousiaste, mais on y est beaucoup moins souvent dupe ; on y est moins admirateur de la forme, mais aussi y aperçoit-on plus nettement le fond ; on n'y est pas si brillant, mais on y est plus digne.

Quand on compare les débats des chambres anglaises à ceux des nôtres, la tenue de leurs orateurs en face de leurs collègues ou des représentants du pouvoir à celle des nôtres dans les mêmes circonstances, quel rapprochement ! quelle leçon ! Dans la chambre des communes, à très-peu d'exceptions près, on sent qu'on est au milieu d'hommes qui se respectent mutuellement et qui s'honorent de respecter tout spécialement les dépositaires de l'autorité. Prenez eux et nous dans une circonstance analogue, dans

une interpellation aux ministres : on a pu remarquer
qu'en Angleterre, pour être dispensé d'y répondre,
lord Russell et plus particulièrement sir Robert Peel,
quand il préside les affaires, n'ont besoin que de
déclarer à la chambre qu'ils pensent que dans le moment la réponse et les développements auraient des
inconvénients pour le pays et d'inviter le motion-
naire à retirer sa proposition ; celui-ci la retire en effet
sans autre explication, et tous se contentent. En
France, le ministre refuse-t-il de répondre, aussitôt
clameurs de s'élever, aussitôt son antagoniste de le
harceler, de le presser, d'entamer les inductions, les
suppositions, les soupçons sur les motifs et le but de
son silence, et enfin, de l'amener souvent, pour pré-
munir le pays et l'opinion contre des interprétations
injustes et funestes, à commettre des indiscrétions
plus funestes encore et dont on se réserve de tourner
plus tard les conséquences contre lui. Voilà l'esprit
avocassier en action ! Voilà le génie d'amoindrisseurs
et de démolisseurs du pouvoir que nous possédons si
fatalement au plus haut point !

A qui la faute de cette différence si défavorable ?
Aux deux parties : au ministre, qui a pu se résoudre
à sauver au prix de son honneur, sa politique, dont
l'ignominie justement peut se mesurer à la nécessité
du sacrifice et qui a pris la misérable habitude de
faire de ses assertions, de ses réponses ou de son si-

lence des coups de tactique; à l'interpellateur,
qui est plus souvent poussé par l'ambition et le goût
de l'intrigue que par un désir consciencieux d'éclair-
cissements. Tristes ruses et contre-ruses d'ambitieux
pourvus et d'ambitieux à pourvoir; indigne jeu dont
le pays est la victime et dont lui seul fournit les rui-
neuses mises !

Il est donc bon que nos chambres soient plus nombreuses que les Chambres anglaises ; et encore, quelque nombreuses qu'elles soient, elles seront gagnées,
si les membres n'ont pas des principes solides de
moralité, et si le pouvoir n'en acquiert pas. C'est là,
comme à chaque instant nous sommes ramenés à le
reconnaître, l'unique préservatif toujours efficace ;
tous les autres sont impuissants ; tous les autres peuvent, au bout d'un certain temps d'action délétère du
pouvoir, être neutralisés ; et les convoitises matérielles, les idées d'intérêt positif ont si profondément
pénétré dans la nation, surtout pendant le dernier
gouvernement, elles y ont tellement faussé les notions
morales et amorti les réactions de la conscience que,
si l'on n'y veille, le suffrage universel lui-même
pourra bientôt en être totalement vicié. Quelle est
la nation la plus engloutie dans la boue; celle qui a pu
être achetée ou celle qui a pu être dépravée tout entière? L'option n'ose se faire entre ces deux horreurs,
dont l'une, du reste, mène immanquablement à

l'autre. Aussi dans la chagrine et scrutatrice solitude de la terre d'exil, quand arrivera pour nos proscrits le jour terrible, le jour nécessaire cependant des ressouvenirs et de l'examen, deux remords surtout viendront étreindre leur poitrine, deux fantômes tourmenter leur imagination, celui d'une patrie en corruption et celui d'un pouvoir en avilissement. Tant qu'il y aura des cœurs en France pour conserver quelque chose des anciens sentiments d'honneur, de grandeur et de renommée nationales, voilà ce qu'elle ne pardonnera point au régime déchu, voilà ce qu'elle ne permettra plus au régime actuel de continuer et d'aggraver encore par ses hommes et par ses actes, dès qu'elle se sera reconnue dans son trouble.

Dans la composition des Chambres françaises, l'élément industriel et surtout l'élément fonctionnaire, le pire possible, ont dominé aux dépens de l'élément indépendant et ont été les causes de la partialité de leurs œuvres et de leur impuissance sur l'opinion publique. Les fonctionnaires ne sont que la monnaie du pouvoir exécutif éparpillée dans le pays ; aussi la majorité de la dernière Chambre était-elle arrivée à ne presque plus représenter que lui. Les industriels sont des spécialités trop exclusives, de sorte qu'il ne reste vraiment de chances d'études et d'instruction politiques larges et impartiales que chez les hommes libres de toute carrière strictement dépendante ou de

toute profession concentrant et rétrécissant les idées
dans le cercle des intérêts particuliers, que chez
les propriétaires fonciers ou rentiers, précisément
chez les aristocrates, les vampires, les paresseux de
MM. Louis Blanc et consorts. Oui, les paresseux, car
ces réformants sont de cette force de croire ou d'offrir
à croire que tous ceux qui ne travaillent pas en métier ne font rien. Je défie de trouver à cette catégorie
de citoyens un intérêt contraire à celui de l'Etat en
masse, et en même temps, je défie de trouver une
meilleure école d'humanité effective et de vraie popularité que la vie de campagne. Aussi, à mesure que
le singulier désir des livrées officielles et que la soif
des spéculations hasardeuses ou des intrigues de la
vie exclusivement ambitieuse s'éteindraient; à mesure qu'on s'habituerait à porter ses regards plutôt
autour qu'au dessus ou en dehors de sa position na-
tive; à mesure que les fils de famille, au lieu de perdre leur santé, leur intelligence et leur temps dans
les orgies de la capitale, se détermineraient à résider
sur leurs propriétés et à y apercevoir le cercle de la
mission d'administration, de justice et de charité que
Dieu leur a marquée et non un pur objet de rende-
ment entre les mains pressurantes et sans merci de
leurs hommes d'affaires; à mesure que les campagnes
se peupleraient d'habitants riches ou aisés; à mesure
enfin, que les occupations de l'agriculture presqu'en-

tièrement abandonnées aujourd'hui aux paysans et aux fermiers ignorants ou aux intendants endurcis, reprendraient faveur chez les propriétaires plus éclairés, le capital moral et le capital pécuniaire du pays, qu'on en soit sûr, s'accroîtraient et se consolideraient rapidement l'un par l'autre, et nos vues politiques acquerraient plus d'ampleur et de dignité; nos premiers pouvoirs plus de stabilité et de respect; nos lois plus d'autorité; nos malheureux plus d'assistance et tous plus de bien-être.

Ce sont donc les voies salutaires du pays et vers lesquelles nos vrais hommes d'État, si tant est que nous en possédions encore de tels aujourd'hui, doivent nous vivement encourager et pousser; car le génie politique consiste à discerner ces grandes nécessités des époques, à imprimer aux nations le mouvement capable d'y satisfaire, puis à le diriger, le surveiller et le régler, et cela seul est digne de s'appeler gouverner.

Une chambre quelconque est absolument impropre à ce rôle, car elle est tout ce qu'elle peut être quand elle résume fidèlement le pays, quand elle est la miniature de sa vaste mosaïque; mais elle ne peut pas être en même temps le tableau et le juge du tableau, l'armée et le général. Elle ne peut pas en entier s'élever au-dessus d'elle-même, pour s'examiner, s'apprécier, se guider; elle ne saurait accomplir cela que par ses individualités, car elle ne peut posséder en son sein le grand dominateur intellectuel de la situation, l'impulseur du mouvement national.

S'il n'y était pas et qu'il existât en dehors de l'assemblée, son influence excentrique serait une formidable gêne au lieu d'être un secours pour le gouvernement qui devrait se hâter de l'absorber. S'il n'était ni dans l'assemblée ni dans le pays, ce serait le plus grand des malheurs publics, et mieux vaudrait beaucoup qu'une nation qui ne recèle pas son sauveur, au lieu de courir les chances des révolutions même légales dont elle a les instincts sans la capacité, se bornât, en attendant l'homme de l'époque, ce présent dont Dieu est avare, à sagement maintenir et administrer ce qu'elle a. Sans lui on se bouleverse, cela se peut toujours et trop facilement, mais on reste un temps infini à se redresser, et on n'y parvient qu'avec force meurtrissures et endommagements. On a pris banalement l'habitude de dire que l'homme de la circonstance ne manque jamais ; c'est une grande erreur : voyez l'Espagne depuis son établissement constitutionnel ; voyez l'Italie ; en France même, nous avons eu de magnifiques spécialités, des hommes de parti remarquables ; mais de vaste et complète intelligence de l'époque, en même temps son émanation et son condensateur, je ne vois que Napoléon.

Une chambre-gouvernement serait le modèle le plus achevé de l'anarchie, de la confusion, de la lenteur, de l'incohérence et, en définitive, de la nullité qu'on puisse imaginer. Les meilleures têtes sont confondues avec les autres dans cette foule de niveau, et il faut qu'elles soient élevées sur le piédestal du pouvoir, pour que l'assemblée elle-même les voie bien et les apprécie en leur entier et à leur juste valeur. Ce n'est pas le tout que le foyer de nos phares soit éblouissant de flamme, il faut encore qu'il soit au haut de sa tour pour servir aux navigateurs et répandre au loin sur eux sa lumière ; Napoléon dans une chambre eût été un député fort ordinaire et un orateur heurté médiocre ; le plus mince avocat lui en eût remontré et un Clausel de Cousergues lui y était, comme nous avons vu, supérieur.

Même sur ce piédestal élevé, l'homme de génie a besoin d'abord de confiance, et ne saurait résister aux chicanes, aux arguties et aux objections de détail de toutes les importantes médiocrités d'une assemblée politique ; car un projet qui ne paraît que grand à l'esprit supérieur qui l'a conçu, paraît extravagant ou, au moins, téméraire aux esprits vulgaires. Unique recéleur de son œuvre complète dans son intelligence, le grand politique a besoin de temps libre pour la réaliser, comme il en faut au sculpteur pour tirer sa statue du bloc qu'il travaille et transformé à

mesure ; aussi rien de plus sage que la patience, do-
cile quoique surveillante, que savent s'imposer une
assemblée et une nation en présence d'une puissance
qu'elles ont devinée ou qui s'est révélée à elles. C'est
l'indispensable condition de la réussite des grandes
choses; car toute majorité est pour la routine, les
voies communes ou rebattues, et les petits résultats,
quand elle ne se livre qu'à elle-même et à ses inspirations journalières, quand elle n'est pas sous le
charme de l'instinct et de l'attente d'une création
supérieure, et n'est pas enlevée par le prestige de
celui qui doit l'effectuer.

Ce haut ouvrier doit même rester juge presqu'absolu des instruments et des matières à employer dans la composition de son œuvre, et les
chambres doivent se garder d'y retoucher beaucoup ;
parce que généralement de toute mesure on y fait
une affaire de parti ou de tactique, et on l'accepte,
on la rejette en considération bien moins de sa valeur
intrinsèque, que du côté auquel appartient le mem-
bre qui la propose; et parce que tout projet compacte,
livré à leur tracassière analyse, y est disloqué, dé-
layé, modifié, souvent essentiellement perverti par
les changements et les petits bouts d'amendements
que chacun tient à gloire d'y faire admettre; de sorte
qu'il en revient plutôt comme un ramassis de paco-
tille, que comme le produit primitif du moule

justement proportionné d'un grand artiste. Jamais assemblée ne nous eût donné le code civil; le Dieu seul peut contenir sa complète création, et c'est armée de toutes pièces que la parfaite Pallas sortit du cerveau de Jupiter.

Ce serait même bien à tort que, dans les circonstances difficiles et violentes, on attendrait d'une assemblée de la modération, de la mesure, un tempérament aux rigueurs du chef exécutif; elles sont, comme toutes les masses, très-accessibles aux paniques, et, en cet état de frénésie peureuse, elles prennent, laissent prendre ou même excitent à prendre les décisions les plus dures et les plus iniques. Sous le coup d'un évènement saisissant, il n'y a pas de loi ou d'autorité draconniennes qu'on ne puisse obtenir d'une chambre, et le gouvernement, alors, a plutôt à se défendre de son zèle qu'à le stimuler; le passé l'a prouvé, le présent le prouve et l'avenir le prouvera. A ce dont on n'oserait pas assumer la responsabilité sur soi seul, on se décide volontiers en compagnie; on se décharge intérieurement l'un sur l'autre, et l'on disparaît personnellement dans le nombre. Aussi bien imprudent est le chef en faveur qui juge de ce qu'il peut prendre, par ce que cette chambre est disposée à lui accorder; et s'il n'a pas son modérateur dans sa moralité politique, dans la conscience de l'intérêt du pays, qu'il l'ait dans l'instinct du sien propre. Tout excès du pouvoir est le germe d'une chute au jour de la réaction nationale, et la légalité donnée ou obtenue par la peur n'en garantit point.

Je viens de faire voir qu'une assemblée ne saurait former la tête du gouvernement; ce point de rendez-vous et de départ de toute direction et de toute action générales doit être unique, d'après sa définition même, et ne peut, sans inconvénients graves ou sans superfluité, se distribuer sur cinq ou seulement trois personnes. En effet, ou de tels directeurs ne seront que les commis expéditionnaires des chambres, et alors ce n'en seront pas les capacités d'élite qui ne voudraient pas accepter une telle situation; ou bien, ces directeurs seront des hommes d'initiative, et alors, comme ils ne seront pas également habiles, également populaires, l'un d'eux finira nécessairement, soit par dominer aux yeux du pays ses collègues qui, à partir de ce moment, le contre carreront au lieu de l'aider, soit par les entraîner dans son orbite et les absorber complétement, ce qui donnera, par le fait, un chef unique qu'il eût été plus court et plus judicieux de nommer tout d'abord.

L'enveloppe du cerveau social doit être, comme celle de tout autre, une seule tête.

Ici arrive une question scabreuse par le temps actuel, mais que je vais aussi traiter comme toutes les autres de cet ouvrage, sans peur et sans reproche ; cette question est celle de la durée de la présidence.

Comme la moindre grâce que je puisse attendre pour cet écrit, c'est qu'on ne le réduise pas aux misérables dimensions d'une réclame en faveur d'un prétendant quelconque, *par droit de conquête et par droit de naissance;* comme aujourd'hui , du reste, je crois fermement qu'il n'y a plus que les princes démocrates socialistes qui puissent avoir l'insolence de prétendre au pouvoir par ce moyen et à ce titre, et que je doute un peu qu'ils pensassent à me choisir pour leur agent ; je dirai tout d'un coup que cette présidence me paraît pour le mieux devoir être à vie et transmissible par voie d'hérédité, sauf l'acceptation par le pays de chaque nouvel héritier à l'instant de la succession.

D'ailleurs, qu'on nomme ce chef Directeur, Président, Empereur, Roi, en vérité peu importe, et je serais désolé de voir le peuple français imiter jusqu'au bout le peuple romain, qui assassinait ses grands hommes quand ils voulaient prendre le titre de *Rois,* et qui se laissait décimer par les plus abominables tyrans, qui les louangeait bassement et léchait leurs genoux quand ils se nommaient *Empereurs.*

De tous temps la tactique des démolisseurs a été la même pour exciter le peuple au renversement d'une bonne institution qui entravait leur ambition ou dépassait leur sagesse; ç'a été invariablement de la lui présenter comme essentiellement inhérente aux personnes qui y avaient fonctionné et dont plusieurs l'avaient souillée. C'est ainsi, qu'au dernier siècle, Voltaire parvint à lui faire confondre la religion avec ses ministres; c'est ainsi que les républicains, non pas ceux de la république nationale qui peut subsister mieux, sinon uniquement, avec une terminaison unitaire, immuable, mais ceux de la république d'*ôte-toi de là que je m'y mette*, sont parvenus à lui inspirer pour la royauté la même antipathie qu'il a justement ressentie pour quelques rois.

Pauvre peuple, toujours trompé, toujours dupé! détruisez-vous donc vos forteresses, parce que quelques-uns de leurs gouverneurs ont été des tyrans ou même des criminels? sont-elles les choses de ces gouverneurs? la royauté est-elle la chose du roi, du chef odieux, parjure, faible ou entêté qui l'a exercée ou que vous en avez chassé? n'est-elle pas à vous? n'est-elle pas, elle aussi, une propriété nationale, la première, la plus belle, la plus salutaire des propriétés nationales?

Pauvre peuple aveuglé, qui ne sait plus reconnaître le tyran qu'au nom et à la demeure, et qui ne voit pas dans Danton, dans Robespierre, dans tel et tel de leurs continuateurs et de leurs hideux exagé-

rateurs du jour pis que le plus exécrable roi, pis que
le plus épouvantable tyran de l'histoire! car eux,
ce sont toutes les couches de la nation qu'ils veulent
mettre en coupe réglée aux mains de la dernière ou,
plutôt, aux mains des scélérats, des gens tarés, des
débauchés et des fainéants pillards, qui ne sont d'aucune couche dans une société honnête!

Pauvre peuple qui se pose ou se laisse poser belle-
ment en peuple digne et libre, en pourfendeur de
despotes et qui, à l'injonction et pour les petites affaires personnelles ou le petit bon plaisir d'un B'an-
qui, d'un Barbès, d'un Proudhon, de ces sinistres
héros des mauvais jours d'un pays, est prêt à tuer
ses frères et à mettre la France littéralement au pillage, littéralement à feu et à sang!

Pauvre peuple qui ne sait pas que les plus terribles
meurtriers, ses empoisonneurs sont dans son sein, et
que ce n'est plus lui qu'atteignent les crimes d'un
scélérat élevé!

Etait-ce sur le peuple que s'exerçait la cruauté des
Héliogabale, des Néron? et dans l'ordre politique,
des Louis XI et des Richelieu?

Est-ce lui qui a eu le plus à se plaindre du dernier
règne? son bien-être n'y était-il pas autrement grand
qu'il n'est aujourd'hui, qu'il ne sera de longtemps
désormais? et peut-il dire que le roi Louis-Philippe
ait fait bon marché de son sang, lui ait été cruel?

Je n'ai nulle disposition à ménager la politique de ce prince, et je l'ai assez prouvé dans les pages précédentes : il fut obstiné dans ses opinions, immoral dans ses moyens d'influence, lâche dans sa politique extérieure (*). La France eût excusé ses erreurs, mais comme j'ai dit, ce qu'elle ne lui pardonnera jamais, ce sont les humiliations qu'il lui a infligées, le mépris qu'il a fait d'elle et de ses meilleurs sentiments. Voilà des taches dans le règne de ce monarque qui, pour le malheur de sa mémoire, ne s'effaceront pas au passage sur elle du frottement des âges. S'il est vrai que l'esprit et surtout le cœur de la nation eussent des propensions à se pervertir ; s'il est vrai que sa moralité fût devenue moins solide et que le veau d'or parût être le seul Dieu en présence duquel elle fût encore disposée à s'agenouiller, ce n'était pas à son chef à hâter, à encourager, récompenser ces repoussantes dispositions. Son rôle à lui, son rôle de gloire était de fermer la plaie au lieu de l'étendre, de s'efforcer de faire revenir le pays à la tête duquel il s'était placé à sa pureté première et non de le solliciter à se vautrer de plus en plus dans les séductions et les faveurs boueuses dont il pouvait le couvrir !

(*) Je ne parle que du personnage politique, car l'homme privé était plein de courage et de bonté.

Mais, en définitive, est-il le seul coupable? Et quel ignoble courage ne faut-il pas pour rejeter, avec l'empressement que je vois partout aujourd'hui, à la face d'un vieillard déjà en si rude voie d'expiation, toute cette boue dans laquelle on s'était roulé, dans laquelle on sollicitait ardemment de se rouler de plus en plus, et ainsi, de se décrasser aux dépens d'un exilé qui ne peut ni ne veut se défendre? C'est commode, mais c'est lâche. Il a été obstiné dans ses vues, mais ne contresignait-on pas sa politique? Il a usé de dépravation pour obtenir ses majorités, mais n'a-t-il pas réussi à les obtenir sans la moindre violence, sans même besoin d'excitation de sa part? Ces majorités furent corrompues, mais qui en nommait les membres? Etait-ce lui qui forçait les électeurs, entre un honnête homme et un homme sans conscience, à choisir l'homme sans conscience; entre un homme indépendant et un fonctionnaire enchaîné, à choisir le fonctionnaire? Etait-ce lui qui les forçait, à la suite de chaque faveur scandaleuse, à renvoyer à la chambre le favorisé à des majorités de plus en plus croissantes? Fut-ce lui enfin, qui porta ce collége électoral populeux, qui n'avait d'abord élu son représentant qu'à une faible majorité et sous serment solennel de sa part de n'accepter aucune promotion, à récompenser le parjure et à sanctionner par une réélection presque unanime cette fois, la profonde més-stime dans la-

quelle cet homme montrait qu'il tenait ses électeurs
en osant se représenter à leurs suffrages, encore tout
fraîchement couvert de l'opprobre de sa parole faus-
sée? Et à la vue d'une dissolution aussi cynique n'a-
vait-il pas quelque prétexte de penser que, s'il y avait
encore une opposition à la chambre, c'était que le
budget ne suffisait pas à acheter le corps électoral ?

Le reste du pays, ou participait en définitive à ces
faveurs délétères, ou, s'il les déplorait en principe,
était tellement atteint par l'influence énervante de
l'atmosphère qu'elles avaient viciée, qu'il laissit
faire sans force et peut-être même déjà sans grand
désir de protestation formelle. Cela est si vrai que ce
ne fut que par le rebondissement de quelques nobles
cœurs, aujourd'hui méconnus, ou oubliés par ceux
qui ont exploité, exagéré ou perverti leur œuvre, que
commença parmi nous la réaction de l'honneur, et
l'on peut se rappeler à travers quel dédain, quelles
railleries ou quelle indifférence de la masse !

Il faut avoir été dans la confidence de ces apôtres
de la démoralisation du pays pour avoir une idée de
leurs tristesses et de leur déconfiance intime; et ce
n'était pas la nature du puissant levier auquel ils
recouraient, c'était le manque de solidité de son point
d'appui qui leur faisait ainsi désespérer.

Non! ce n'est pas par de si exclusives et de si peu
dignes récriminations qu'un pays prouve le désir et

la capacité de se relever dans la pureté de sa gloire et dans sa propre estime. Pour redevenir grand il lui faut commencer par être juste, et c'est par un *meâ culpâ* général que la France doit manifester la complète conscience qu'elle a de son abaissement au milieu des nations et son énergique, son irrésistible volonté de remonter plus que jamais resplendissante à leur tête.

Mais, en vérité, en quoi l'institution monarchique elle-même est-elle responsable de ces vilenies? Elle ne le serait que si c'étaient là ses résultats essentiels, nécessaires; et comment une nation qui se donne pour libre et pour mériter de l'être, oserait-elle l'avouer? Avouer qu'elle est et qu'elle sera toujours corruptible? toujours à la merci d'un corrupteur? Alors qu'elle se livre corps et âme, avec abnégation complète dès qu'elle le pourra, à un despote glorieux, qui la remaniera et lui imprimera, bon gré mal gré, le mouvement d'ascension morale qu'elle est incapable de prendre d'elle-même; c'est son seul recours, c'est son unique voie de salut. Mais, dans le cas contraire, c'est-à-dire si elle est pénétrée de l'amour-propre, fort légitime celui-là, de puiser sa principale force de reconstitution en elle-même; s'il est vrai, comme elle le proclame avec un peu trop d'emphase, qu'elle a recouvré la complète conscience de sa dignité, qu'a-t-elle à craindre, surtout avec le suffrage univer-

sel, des sales et avilissantes tentations d'un personnage
à bas penchants? Quel que soit le degré où il se trouve
placé en son sein, ses séductions seront restreintes
dans un cercle tellement étroit qu'elles ne sauraient plus
influencer le pays, et il arrivera un jour qui n'est peut-
être pas éloigné, où l'on pourrait changer de roi sans
plus de perturbation dans l'État qu'à un changement
de ministres ; dès ce moment-là justement on n'en
changerait plus ; car ces chefs, qui verraient si évidemment qu'ils ne pourraient rien par eux-mêmes
hors des bonnes voies nationales, ne seraient plus
tentés d'en dévier ou d'en chercher de fausses. Bien plus,
comme il est dans notre nature de nous perfectionner
dans les facultés dont l'exercice nous est le plus habituel et le plus utile, il adviendrait que même les plus
ordinaires d'entre eux acquerraient des qualités
remarquables de discernement, d'appréciation saine
et d'abnégation d'opinion personnelle, qualités qu'il
leur est, du reste, si facile de posséder au haut et
unique point de convergence où ils se trouvent et
d'où leur regard, pourvu qu'il ne soit pas troublé par
une intraitable vanité, peut voir si clairement et em-
brasser complètement tout le pays qui se meut et
rayonne au-dessous.

Alors l'institution royale serait consolidée à jamais.
Et qu'on ne dise pas que j'imagine et espère ici une
chimérique utopie ; elle se réalise depuis près de deux

cents ans en Angleterre avec des rois imbéciles, fous, méchants, débauchés, avec la plus triste série de personnalités qui se puisse voir.

Ainsi entendue, la terminaison monarchique de la société est ce que l'on peut voir de plus naturel, de plus judicieux et de plus largement libéral, et c'est une des incroyables erreurs dont les sectaires sont parvenus à incruster le préjugé chez le peuple, de regarder comme ennemie des libertés précisément la seule institution qui peut les renfermer et les garantir toutes. Un gouvernement démocratique sacrifie tout au bas peuple ; un gouvernement bourgeois ou purement commercial, à la bourgeoisie et aux marchands ; un gouvernement aristocratique, aux grands ; un gouvernement oligarchique, à quelques familles ; un gouvernement socialiste sacrifierait l'État à des voleurs ; un gouvernement unitaire monarchique, planant au-dessus de tous ces divers intérêts, de tous ceux qui se groupent dans la nation, seul, les peut voir et maintenir dans leurs justes positions et proportions respectives. Seul, il peut être le secours des faibles et le frein des forts et réaliser la justice distributive ; seul, il peut guider et stimuler la nation dans son ensemble vers les progrès de l'avenir.

Ce gouvernement n'a guère eu de modèles dans ceux du passé, j'en conviens ; aussi sont-ils tous tombés, aussi tomberont certainement comme eux

tous ceux qui se borneront à les imiter, parce que
bien qu'opérant dans l'édifice monarchique, qui est
l'édifice national par excellence, ils n'y ont travaillé
que pour un parti, et qu'un parti finit toujours par
être renversé par un autre.

Et puis, à bien considérer, y a-t-il rien de plus
irrationnel, rien de plus funeste que ces changements
forcés du chef du gouvernement à courts intervalles?
Si le président est bon, est en voie d'exécution d'une
grande chose, quelle barbarie et quelle absurdité en
même temps de le briser en chemin! S'il est mauvais, quel ridicule et quel danger de l'imposer au
pays pendant des années, pendant des mois même;
car si le bien s'édifie lentement, le mal fond comme
l'éclair; si un chef maintient l'ordre dans le pays et
la gloire nationale intacte, on irait s'imposer de gaîté
de cœur l'obligation de le changer pour se rejeter
dans les inquiétudes et les troubles; quel démence!

Et puis les nations, surtout les nations d'Europe,
placées et resserrées comme elles le sont sur le globe,
et les unes par rapport aux autres, n'ont-elles donc plus
physiquement, moralement et politiquement tout à la
fois des intérêts persistants? N'ont-elles donc pas des
projets intérieurs et extérieurs qui exigent pour les
chances de leurs succès, une longue suite d'années de
persévérance dans les mêmes moyens et les mêmes pré-
paratifs d'exécution, une grande fixité de méthode et

une parfaite unité d'inspiration ? Laquelle de ses grandes choses eût pu mener à fin un Richelieu, un Colbert, un Napoléon triennal ? Avons-nous donc désormais renoncé à les imiter en rien ? la France est-elle pour toujours descendue du trône du monde, et sommes-nous destinés en enfants corrompus et dégénérés d'un colosse qui se disloque et s'écroule, à voir la grande et mâle figure de quelqu'autre nation, compacte et mûrie par la conscience d'une grande mission laissée vacante et par l'expérience de notre ruine, arriver notre place séculaire en tête de la civilisation et de l'humanité ?

Les autres pays venir nous distraire de notre œuvre de dissolution ! oh ! en vérité ils s'en garderont bien ! on ne craint que ce qui naît et prend des forces. Lorsqu'un vieux lion hâte sa mort en se déchirant les entrailles de ses propres griffes et en convertissant son ancienne vaillance en rage hideuse contre lui-même, on s'écarte avec empressement de la sanglante arène où il se débat, on prend seulement ses précautions pour l'y tenir enfermé et de loin on assiste avec joie aux progrès de son agonie. Oh ! non, ils ne viendront pas ; aucun d'eux ne viendra détourner stupidement sur lui les coups par lesquels nous nous détruisons ! tous s'élèvent bien assez, sans peine et sans chances contraires, par le seul fait de notre abaissement.

En vérité, un monstrueux ennemi de notre gloire se serait-il ingénié à rechercher les plus rapides moyens de décadence nationale, qu'à mon avis il n'eût pas pu mieux rencontrer. Je défie de montrer à qui le nouveau régime est plus profitable que celui de la monarchie, si ce n'est à la troupe des ambitieux de toutes les sortes et de toutes les couleurs qui pourront trouver espoir de se prélasser et de s'héberger, chacun à son tour, dans ce caravansérial du pouvoir, si bénévolement desservi par le pays, et de se donner, en sortant, la satisfaction de dire, comme le Frontin de la comédie, *à mon tour j'ai été maître!* Allons, courage, tous les oseurs! voilà un trône, le trône de France au pillage.

Et c'est donc pour en arriver là que nous avons fait nos révolutions et passé par toutes nos épreuves! c'est pour en arriver là que nous avons renié et abandonné notre grand Empereur, que nous avons laissé l'Angleterre enchaîner notre géant sur le sombre et tuant rocher de Sainte-Hélène, que nous nous sommes résignés à supporter sur nos têtes abaissées l'affront et le poids de deux invasions de l'Europe, à voir camper les Huns dans nos murs et commander Paris par un Prussien! c'est pour en arriver là que nous avons si souvent rougi le pavé de nos villes de notre sang le plus généreux; c'est pour en arriver là que vous vous êtes dévoués, que vous avez combattu,

que vous êtes morts. Oh! vous tous qui fûtes martyrs
de l'ordre et des lois, grandes et tristes victimes de nos
discordes civiles! c'est pour préparer la ripaille ou le
contentement de la vanité pointue d'un soldat après
un poëte utopiste, d'un médecin après un avocat,
d'un journaliste après un chef social, d'un utilitaire
après un communiste, d'un cuisinier après un maître-
d'hôtel, de je ne sais quoi après un je ne sais qui!
Oh! mon Dieu, pitié de nous! pitié de ce pays qui
fut la France de Louis XIV et de Napoléon, qui fut
votre France bien-aimée! Ne lui inspirerez-vous donc
plus rien de digne d'elle et de sa gloire passée! Nous
devez-vous abandonner à nous-mêmes au milieu de
notre confusion et de notre impuissance pitoyable!

Par où en effet notre soi-disant République ac-
quiert-elle tant de partisans? par le champ libre
qu'y voient tous les partis pour la perpétuité de
leurs luttes fratricides et par les chances qu'y espè-
rent d'une bonne place au banquet du budget toutes
les médiocrités, toutes les spécialités ambitieuses,
tous les gens tarés et déclassés par leur inconduite,
qui, sous un régime fortement et sagement ordonné,
seraient maintenus dans les positions proportionnées
à leur mérite et adaptées à leur génie, ou seraient
condamnés, par un rejet complet, à la juste peine
de leurs vices.

Par où la monarchie est-elle surtout détestée? par

la consécration qu'elle porte avec elle de la régula-
risation des voies pour parvenir; par l'obstacle efficace
qu'elle seule peut mettre au débordement d'une classe
sur l'autre dans le pays et le gouvernement; par le
respect et la crainte dans lesquels elle peut maintenir
les factions; et par l'impossibilité de réalisation
qu'elle inflige aux rêves extravagants de leurs principaux chefs.

Si ce ne sont pas les facilités désorganisatrices
qu'offre une autorité fragile et précaire, si ce ne sont
pas les entraves si salutaires que met l'établissement
monarchique à cette course au pillage du trésor public et à la possession d'un pouvoir ravalé, qui font
la plupart de nos républicains; si ce n'est pas leur
avidité de places qui, seule, les a poussés au dernier
bouleversement, qu'ils le prouvent. Ils ont pour cela
un moyen, et qu'ils ne s'épouvantent pas, ce n'est
pas de quitter les emplois dont ils ont fait si belle cu-
rée, ce n'est même pas de les remplir toujours hono-
rablement; c'est simplement de s'accorder entre
eux sur une définition précise du mot *République*.

Ils ne le pourront; car, pour ceux à l'idée des-
quels elle n'est pas une immense anarchie, couvant
dans ses flancs toutes les révoltes et toutes les agitations des ambitieux, en menées et en intrigues conti-
nuelles, ce ne peut être qu'une monarchie décapitée,
et alors quel avantage trouvent-ils à la laisser sans tête?

L'avantage, primordial et décisif pour la plupart, c'est de ne pas se prononcer nettement et de se garder un doigt dans tous les partis, une chance dans toutes les éventualités; mais moi, qui suis suffisamment protégé des soupçons de cette sorte par mon obscurité, moi qui n'aspire à être ni empereur, ni président, ni ministre, ni même préfet de cette république-ci, ni d'aucunes de celles de messieurs les hauts prétendants, les hauts barbare-Proudhon, L. Blanc, Blanqui, Lamennais, Barbès, Raspail, le cuisinier Flotte, etc., etc., etc... (je suis obligé d'en passer et des meilleurs), je n'hésite pas à dire que, dans mon opinion, le régime de réélection, s'il se maintient, ouvrira pour la France une ère ou d'impuissance et de discrédit ou de secousses incessantes de bas en haut, qui l'entr'ouvriront parfois et toujours la tiendront en tremblement convulsif.

Le système monarchique, sans l'inviolabilité royale comme dogme sacramentel ne vaut rien; parce que, sous cette forme absolue c'est une fiction, d'un côté attentatoire et injurieuse au droit national, en bien pure perte, puisqu'elle ne saurait tenir un seul instant contre sa manifestation, et d'autre part pernicieuse pour les rois, qui se font toujours illusion sur sa solidité, et qui sont toujours tentés de s'y fier exclusivement. Mais avec l'inviolabilité royale, comme règle générale de prudence et de stabilité, le système monarchique, dans toutes ses conditions de vérité, et ne cherchant sa force que dans les avantages qui lui sont inhérents et non dans un vain et décevant privilége, est le seul gouvernement convenable à une grande nation, mûre pour toutes les libertés et jalouse de receler et de protéger en son sein tous les genres de grandeurs. Voilà le seul gouvernement qui puisse être glorieux pour la France, et y édifier des monuments dignes et capables d'être les inébranlables témoins de sa nationalité à travers la longue suite des siècles futurs, et de leur servir de contemplation et de modèles. En effet, c'est le seul qui, au bénéfice de la conservation et de la régulière gestion de ce qu'on a acquis, tant qu'on n'a ni l'instinct, ni le grand besoin, ni le metteur en œuvre d'aucun progrès, ni d'aucune amélioration saillante, a la possibilité de ne laisser passer l'occasion d'aucun de ces perfectionnements, d'aucune réforme même radicale, sans les réaliser régulièrement, légalement et pour le bien général. Il a de plus la possibilité de poser immédiatement après qu'il s'est révélé et fait accepter par l'opinion, l'homme de talent ou de génie à la place convenable au plus ample développement de son action sur le pays. De cette sorte, il devient le cerveau de la royauté, comme un tuteur est celui de son pupille moins capable, sans se substituer cependant jamais de sa personne en son lieu et droit, et la figure monarchique reste constamment la même aux yeux de la nation et des étrangers, c'est-à-dire constamment majestueuse, constamment noble et digne, sinon constamment puissante par le génie.

Quand il arrivera que la personne royale soit par elle-même la capacité de son époque, cela n'en vaudra que mieux. Je ne saurais concevoir pourquoi on empêcherait un roi plutôt qu'un ministre d'illustrer la nation dont il est le chef, et ce n'est pas tant le principe que la détestable nature de l'influence du roi Louis-Philippe qu'on aurait dû blâmer. La fameuse maxime du *roi règne et ne gouverne pas* est une fiction aux profit des ministres aussi ridicule et aussi irréalisable que celle de l'inviolabilité au profit du monarque ; la vérité est que le roi ne doit que régner quand il est incapable de gouverner. Si, par des investigations loyales, si par une saine et indépendante majorité, qui s'augmente, mais qu'il n'augmente pas ; si par les témoignages généraux d'un pays non suborné, il acquiert la conscience du bien que l'application de ses vues produirait pour la nation, quel prétexte, quelle possibilité y a-t-il de comprimer son essor ? Quel désavantage n'y aurait-il pas à le faire ? La seule différence dans ce cas, c'est que les personnalités ministérielles y seront éclipsées, tandis que dans les autres c'est la personnalité royale qui est couverte ; mais de quelle importance cela est-il pour le pays ? Le contrepoids du monarque ne doit pas se prendre dans son ministère; il est uniquement, comme je l'ai déjà dit, dans la Chambre et la nation. Si celles-ci sont corrompues ou accessibles à la corruption dans leur généralité, ce n'est pas à faire de la politique qu'elles doivent prétendre, c'est à être élevées et conduites; qu'elles passent alors sous le joug. Mais dès qu'elles seront redevenues libres, morales et fortes, c'est le gouvernement représentatif à terminaison monarchique qu'elles prendront indubitablement. Pour l'honneur de mon pays, je me refuserai à croire, à moins qu'il ne m'y force par des faits trop répétés et trop indubitables, que ce qu'il regrette dans l'ancien gouvernement, c'est sa corruption; que ce qu'il recherche dans celui-ci c'est la continuité de cette corruption, et qu'il n'est pas au contraire relevé à jamais de cette abjection où il a pu s'oublier quelque temps. Où serait, dans l'affreux bouleversement commencé en février, le point sur lequel le regard d'un honnête homme et d'un bon citoyen pourrait s'arrêter avec quelque consolation et quelque espoir, si de ces immenses ruines mal mélangées ne devait pas se dégager et jaillir finalement notre épuration?

Il est temps de parler d'un exemple contraire qu'en désespoir de cause on va chercher à travers l'Océan et chez les pionniers du nouveau monde, c'est-à-dire aux États-Unis d'Amérique. Pour commencer par montrer combien sont peu réfléchies toutes ces admirations de circonstance, je ne demanderai qu'une seule réponse consciencieuse à cette question : la figure de la nation française dans le monde n'a-t-elle pas été et n'est-elle même pas encore autrement imposante, autrement loyale, autrement complète que celle de cette vaste et flasque agrégation de bandes d'émigrants et de commerçants grossiers, qui composent la confédération et non la nation américaine? Car il y a des agglomérations d'individus dans le nord de l'Amérique, mais il n'y a pas, nationalement parlant, d'Américains. Il y a sur ces vastes terrains, pêle-mêle ou côte à côte, des colons d'Amérique, des Anglais, des Allemands, des Suisses, mais sans fusion entr'eux. Il y a des circonscriptions de populations qui consentent encore à prendre une appellation commune; mais c'est déjà le seul lien, plus apparent que réel, qui les joint les unes aux autres; car si tous les États ont des représentants à Washington qui y formulent des lois générales, chacun d'eux se réserve la faculté d'obéir ou de désobéir, à sa convenance, à leurs prescriptions, et l'on ne tente jamais de les forcer à l'obéissance, par cette raison bien simple que cela serait impossible. Aussi, tandis que les États du Nord exagèrent la philantropie noire, parce qu'ils n'ont point d'esclaves, les États du Sud conservent tranquillement les leurs, poussent à l'envahissement de nouvelles contrées pour les en peupler encore et brûlent en effigie, sinon en réalité, les apôtres abolitionnistes.

Par quelle invention sublime ou utile, par quelle idée féconde, par quel amour de l'humanité, par quels nobles exemples donnés aux hommes ou aux nations, par quelle belle œuvre morale, religieuse, philosophique ou littéraire, par quel art et par quel artiste, par quelles brillantes ou grandioses individualités (*) ce pays se recommande-t-il donc à notre admiration? Est-il possible d'y voir encore autre chose dans sa meilleure acception et à ses plus beaux moments, qu'une vaste association de marchands peu scrupuleux, dont la chambre de commerce présidée par un directeur temporaire, se trouve à Washington.

Ce sont en général des enrichis indélicats dans leurs moyens, âpres dans leur avidité, menteurs dans leurs assertions, insolents dans leurs exigences

---

(*) Je n'y vois de belle personnification que M. Clay, qui est remarquable à tous égards ; mais aussi qui n'y est ni écouté ni compris. Je n'y compte pas Franklin, le plus grand homme de cette contrée, parce qu'il a été un colon anglais et non un produit des États-Unis. Du reste, comme ce que je dis de ce pays est de l'histoire, je serais, à la rigueur, dispensé de toute autre explication ; je désire ajouter cependant que rien ne me coûte tant que de faire le procès à une nationalité quelconque qui a pour elle l'avenir et de laquelle, même dans l'état présent, je ne prends que la physionomie générale, en laissant dans les exceptions beaucoup de personnes et même des populations entières ; mais ici je suis porté à ces développements par la prévision du danger que l'erreur pourrait avoir pour ma patrie.

et purs spéculateurs de gain dans leur politique. Ils nous ont appris tout cela à nos dépens, et M. Berryer me fournirait facilement des témoignages pour prouver que ce portrait n'est pas chargé ; je vais y ajouter moi-même dans la note (A) le récit de quelques-uns de leurs procédés dont j'ai été témoin pendant notre blocus du Mexique en 1838 (voir page 157).

Parce qu'ils voient leurs farines et leurs cotons sur tous les marchés, ils se prennent plaisamment pour le premier peuple du monde, n'apercevant pas qu'ils n'en sont que les fournisseurs. Des gens qui ont fait une révolution pour le prix de revient de la livre de thé, qui n'ont que le commerce, et le commerce rudimentaire pour ambition et pour but, des gens qui, par une inconséquence toute démocratique, jalousent les riches et les obligent à dissimuler leurs fortunes, qui traitent les savants de fainéants et les travaux de l'intelligence de méprisables, tout comme en Europe à la plus obscure époque du moyen-âge, ne feront jamais rien de grand, ne seront ni dignes ni capables d'imprimer la moindre bonne impulsion au genre humain, s'ils ne changent dans leurs descendants. Jusqu'ici, quel mérite ont-ils donc à leur grand développement commercial ? Le mérite de se donner la légère peine de semer du blé et de planter des arbustes dans des terres fertiles et immenses dont ils chassent, tuent ou empoisonnent par les liqueurs spiritueuses les rares possesseurs primitifs ; car c'est ainsi que ces fiers républicains entendent l'humanité et la justice.

Ils ne sont que d'hier et déjà dans le monde entier la foi américaine remplace la foi punique, et déjà il n'y a pas d'horreurs, d'exactions, de perfidies, de vols dont ils n'aient donné l'exemple ; et, puisqu'il est vrai que les héros les plus populaires n'acquièrent cette popularité qu'en étant les personnifications les plus exactes et les plus aimées de leur pays, le barbare Jackson doit être l'idéal représentant du sien. Ce Hun d'Amérique sans foi ni loi, à dix-huit ans jeta le froc aux orties pour faire la chasse aux indigènes et pour présider aux orgies où l'on égorgeait et dépeçait le gibier humain au milieu des rauques clameurs de la triple ivresse de l'alcool, du sang et d'un jeu effréné. Cette vie de débauche et de boucherie était si commune que personne ne l'y avait remarqué, lorsqu'en 1812, il se dirigea avec ses bandes vers la Nouvelle-Orléans. Là, il bat et massacre les Anglais débarqués ; mais établit une terreur néronienne dans la ville qu'il tient sous la menace de l'incendie, se moque du sénat, du président et de la constitution, reste en permanence armée après la paix, rançonne la contrée, et se divertit à faire pendre des Anglais inoffensifs. Chemin faisant, il s'empare par pure fantaisie de Pensacola, ca-

pitale de la Floride ; sans le moindre sujet , sans la
moindre déclaration d'hostilité avec l'Espagne, à
qui appartenait le pays et qui vivait en amitié avec
la confédération ; le cas qu'il fait des remontrances
que lui adresse le pouvoir central de Washington ,
à la nouvelle de ce brigandage ; c'est d'en compléter
l'œuvre , et c'est ainsi que la Floride est devenue
américaine. En 1824, à la première présidence vacante depuis ses exploits, il ne réussit pas à se faire
élire , il le méritait bien pourtant ; mais en 1829 on
répara cette injustice , et le peuple américain fut
réellement représenté au pouvoir ; il le montra bien
par ses joies et par l'enthousiasme frénétique qu'il
témoigna de toutes les sauvages mesures de son maître. Celui-ci mena d'étrange façon les affaires : il
commença par mettre à la porte tous les employés
du gouvernement, et se souciant fort peu de capacité
et de bons services distribua les places à ses compa-
gnons exterminateurs ; trouvant incommode de payer
ses dettes , il décréta la banqueroute. Dans la plus
grossière ignorance du mécanisme de la circulation
et du crédit, et pour plaire à la multitude, qui, dans
ses basses envies ; percerait avec délices le cœur qui
pousse et distribue le sang dans ses artères , il ren-
versa la banque nationale. Enfin pour mettre le comble
à son insolence et au stupide enivrement populaire ,
se prit à insulter les peuples étrangers dans la per-

sonne de leurs représentants et à contraindre par les
plus arrogantes sommations, par les plus révoltantes
menaces et par le plus effronté dédain du droit , de
l'équité et des formes, l'ignoble gouvernement de
France, de cette France qui fut la terre de la vaillance, des hautes susceptibilités, de la fierté intraitable devant l'insulte , à lui payer vingt-cinq millions
qu'elle ne devait pas. La grande nation a été rançon-
née par un chef de bandes! O Louis-Philippe! ô
ministres ! ô chambres d'alors ! De quelle épaisse
couche de honte vous avez pu impunément couvrir
le front jusque-là si pur de votre pays! Oh! chaque
bon Français a pour vous une malédiction au cœur et
la transmettra de plus en plus vivace à ses descendants jusqu'aux dernières générations! Au bout des
quatre premières années de domination , Jackson se
fit continuer la présidence; on ne pouvait faire mieux,
les Etats-Unis avaient trouvé leur homme. A la fin
de cette seconde dictature , désireux de se retremper
dans sa première vie de taverne et dans la refréquen-
tation de ses rustres, il nomma pendant la durée de
ses états domestiques dans la personne de Van-Buren,
un gérreur à ses domaines et à ses vassaux merce-
naires. Malheureusement le héros de ces braves gens
fut, bientôt après , atteint par la mort , qui ne res-
pecte pas plus les idoles des populaces que celles des
vrais peuples. Ce fut dommage, car dès qu'il lui eût

repris fantaisie d'une nouvelle campagne, il se fût
remis personnellement au pouvoir et, à son houra !
nous eussions pu voir ses hordes se ruer de nouveau
au détroussement de quelque contrée des Etats, par
exemple de la Pensylvanie, refuge de la banque, ou
de la riche et policée Caroline du Sud, qui avait osé
lui faire résistance !

Non ! dites-vous ; et pourquoi non ? il l'avait déjà
fait ; qui l'eût empêché de le faire une seconde fois ?
Aux États-Unis, les fortunes s'amoncèlent, les pros-
pérités s'accroissent pour servir d'appât et de proie
aux déprédations de la multitude sous un nouveau
Jackson ; et voilà la liberté, voilà des caractères,
voilà une humanité et des mœurs, voilà un pays en-
viés par la France ! par la nation la plus éclairée de
l'univers ! C'est dans les tueries et les rapines du Nouveau Monde qu'elle veut se chercher des exemples
futurs ! elle qui, au contraire en avait donné jusqu'aujourd'hui à tous les peuples ! Du reste, c'est
à un homme que ses compatriotes peuvent bien trouver encore grand après l'assassinat de Jumonville,
et après sa barbarie à l'égard de son noble prisonnier de guerre, le major André, mais auquel nous
n'avons nulle raison nous, de vouer un culte ; c'est à
Washington (*) qu'est due l'entrée de ce gouverne-

(*) Jumonville était un officier français qui fut expédié en parlementaire

ment dans cette carrière d'égoïsme, de perfidies et d'ingratitude où elle fait de si énormes pas. La guerre de l'indépendance était à peine terminée, le sang de nos soldats fumait encore sur ces champs que leur vaillance avait acquis à leurs possesseurs, que déjà, à l'instigation de Washington, ils se liaient

---

à un fort de la Louisiane que commandait Washington, et il y fut fusillé. André était un jeune et loyal major de l'armée anglaise, employé dans la guerre de l'indépendance. Après que le général américain Arnold eut trahi et fut passé aux ennemis, il noua ou continua à entretenir des intelligences avec ses anciennes troupes, de sorte qu'il parvint même à obtenir la promesse de la défection d'un corps d'armée. Il s'y rendit de nuit pour le diriger aux Anglais, et le général de ceux-ci détacha avec Arnold le major André dans cette mission; mais l'affaire échoua et le major, qui ne connaissait pas bien le pays, fut pris tandis que le général traître parvenait à se sauver. André, sous prétexte qu'il n'était pas en uniforme, ne fut pas reconnu comme prisonnier de guerre; il fut traduit devant une cour martiale présidée par Washington, qui le connaissait personnellement et s'était lié avec lui avant la guerre, et y fut condamné à mort, mais à être pendu et non fusillé. En vain il s'adressa à Washington pour obtenir la grâce de cette permutation, la grâce de mourir comme un brave et loyal militaire qu'il était; en vain demanda-t-il ensuite du papier et une plume pour écrire ses adieux à sa famille, on ne lui accorda rien; il fut pendu et il avait été obligé d'écrire avec un morceau de charbon sur la muraille de son cachot.

Ce n'est pas, comme je l'ai dit, que je trouve mauvais le culte que les Américains portent à ce personnage de leur libération; au contraire, il est favorable que les nations exaltent leurs héros, parce qu'elles ne le font que pour leurs hautes qualités réelles ou supposées, mais toujours tenues pour incontestables par le peuple et toujours masquant à ses yeux prévenus leurs faiblesses. Ainsi que les États-Unis idolâtrent Washington, que les Anglais élèvent aux nues Nelson et Wellington, je trouve du bon dans ce sentiment, mais les nations étrangères conservent à leur égard leur entière liberté d'examen et de jugement, et doivent réduire, à sa juste hauteur, le piédestal de chacun d'eux.

contre nous aux oppresseurs dont nous achevions à peine de les délivrer, et dans quel moment? Lorsque l'Angleterre nous faisait la guerre pour abattre la forme républicaine que nous avions prise à leur instar? et ces gens sans pudeur sont arrivés enfin à extorquer de nous vingt-cinq millions? Quand donc exigerons-nous d'eux les deux cents millions que nous avons dépensés pour les soutenir? Le prix incalculable du sang de nos frères morts pour les faire ce qu'ils sont? Enfants sans cœur! qui s'empressent, dès qu'ils ont des dents, de mordre la mère qui les a nourris et portés dans ses bras! Non, Américains! vous n'êtes, vous ne serez jamais ainsi une nation; vous n'êtes qu'une association d'avides et âpres fournisseurs ou une multitude d'envahisseurs et de déprédateurs sans humanité ni conscience!

Pour venir spécialement à la constitution du pouvoir dans ce pays, je dirai qu'il est très-concevable et parfaitement indifférent qu'il reste précaire, distendu et sans force connue aujourd'hui, tant que les divers états n'y formeront qu'une seule couche commerciale et ne seront reliés entre eux que par une simple circonscription douanière (comme les Etats de l'Allemagne qui se sont enfermés dans le Zollverein proposé par la Prusse), tant que les habitants ne seront pas resserrés dans d'étroites limites et obligés de s'y grouper au lieu de s'étendre indéfiniment

comme aujourd'hui. Tout le monde comprend, en effet, que ce pouvoir reste suffisant, tant qu'il est inutile, et qu'il paraisse solide tant qu'il n'est pas atta-
qué, tant que personne ne l'envie, ni n'en est gêné;
on voit par l'exemple de Jackson combien peu il est
à craindre pour celui qui s'avise de le mépriser et
combien peu il résiste à celui à qui il plaît d'y prétendre et de le confisquer à son profit. Mais lorsque
ce véritable monde nouveau sera devenu exubérant
ou seulement plein de populations, que les individus
s'y rencontreront presque coude à coude dans l'exercice de leurs intérêts et de leurs goûts infinis; lorsque
les États de cette vaste Europe naissante prendront
physionomie tranchée et frontières distinctes; ors-
que le fil qui les entoure tous encore à présent, mais
en s'affaiblissant de jour en jour davantage, sera
tout à fait rompu et que chacun devra pourvoir à sa
défense contre ses voisins et régler la conduite à tenir
avec eux; lorsqu'enfin le droit des gens et l'art diplo-
matique américain seront créés; lorsque dans chacun
de ces fractionnements par exemple, dans ce qui restera uni de la confédération actuelle, les richesses se
gradueront, que les descendants d'enrichis devien-
dront plus jaloux de jouir que d'amasser davantage,
ou, du moins, préféreront les occupations morales
et intellectuelles à celles purement commerciales;
lorsque les industries s'y établiront, s'y diversifie-

ront et viendront rendre le pays manufacturier aussi bien que producteur, que des genres de vie variés y feront varier aussi les articles de consommation, les goûts et les besoins ; lorsqu'ils auront à eux spéciale- ment des arts, des sciences, une poésie, une littéra- ture, une histoire, une place et un genre d'influence sur l'humanité ; lorsqu'en un mot ils se seront étagés et seront devenus une nation, et que leur pouvoir aura pour mission de dominer et de contenir tous ces intérêts, ces innombrables manières d'être toutes légi- times, de les maintenir à leur poste naturel et de distribuer dans tout l'empire une égale justice, de déterminer sa marche par la composition de tous les intérêts, comme en physique, un corps obéit défini- t'vement à la résultante des diverses forces qui le sol- licitent ; lorsqu'enfin ce pouvoir aura besoin réelle- ment et à chaque instant de gouverner, il y aurait de la démence à admettre qu'il continuera de subsister dans l'état misérable où nous le voyons ! S'il n'y avait qu'un seul port au monde, que le même vent toujours y poussât et qu'il n'y eût à craindre ni dangers, ni ennemis, le premier novice venu vaudrait pour ser- vir de pilote ; mais dans la réalité actuelle, où l'art de la navigation et de la guerre maritime occupe les plus grands génies et invoque le secours de toutes les sciences, que serait cet ignare ou inexpérimenté ma- telot au timon ? Qu'on dépeuple l'Europe, qu'on la recouvre de ses immenses forêts primitives et que de l'Amérique antérieurement civilisée et remplie de populations agglomérées côte à côte; il débarque, par exemple, dans la partie de la France actuelle, des émigrants qui prennent position dans son désert, y exploitent le sol et s'adonnent à être les fournisseurs à bon compte de la mère-contrée; qu'ils se délient de la métropole avant d'avoir couvert la vingtième partie de l'espace dont ils peuvent librement disposer, et alors je comprendrai que les affaires de ces divers comptoirs et entrepôts, qui seront les États-Unis français, soient gérées par deux conseils d'administration et un directeur amovible. Mais rêver cela, en l'état actuel, c'est faire l'inversion la plus complète et commettre le plus monstreux et le plus stupide anachronisme qui se puissent imaginer !

Aux États-Unis on ne s'occupe de l'élection présidentielle qu'à son temps; en France, tout intervalle d'une présidence serait employé par les divers partis à préparer à leur profit exclusif la suivante. Aux Etats-Unis on n'est guère jaloux d'exercer le pouvoir et il n'y a pas un seul trouble qui l'ait pour but; en France la cause de toutes les agitations, de toutes les intrigues, c'est d'y arriver; c'est un honneur que l'on met au-dessus de tous les autres, et il est convenu de le regarder comme un honneur, quelques moyens qu'on prenne pour y parvenir. Les motifs apparents de tous

ces gens qui nous ameutent au nom de la République,
sont la position besogneuse du peuple, la misère des
classes ouvrières, l'amour de la simplicité, l'antipathie
de la corruption, etc., etc., etc. ; leurs seuls motifs
réels sont l'ambition de gouverner et le dépit de ne
pouvoir conquérir d'influence par les voies d'ordre et
d'avertissements désintéressés !

C'est la République démocratique, c'est la République sociale, c'est la République humanitaire qu'ils
désirent ; aucun d'eux ne parle de la République
heureuse.

Il ne peut y avoir de telle, il n'y a même de véritable République, que la République monarchique ;
et on sera de mon avis, si l'on entend par là, comme
cela est dans le mot même, la chose de tous, la chose
qui garantit, protège, règle la liberté et les droits de
tous. Les autres gouvernements ne représentent pas
la chose publique ; ils ne sont que la chose de telle
fraction de la société, quand cependant ils ne sont
pas tout crûment et simplement la chose de tel
citoyen.

Dois-je parler de ces appétits d'ogre que les sombres conteurs de carrefour prêtent généreusement
aux monarques leurs prédécesseurs et usurpateurs
de leur trône, et du poids ruineux d'une liste civile ?
En admettant ce dernier effet, il y aurait aux prétendants de la populace une audace que l'on ne peut ima-

giner et trouver que chez ces gens-là, à se charger du
reproche ; puisque leur liste civile future doit, comme
chacun sait, se composer de tous les biens de France
à distribuer, à véritablement gâcher et perdre entr'eux
et leurs prétoriens. Mais la première assertion est une
si grande naïveté et la seconde un si palpable contre-
sens, qu'elles ne prouvent que deux choses ; la ba-
dauderie incurable du pauvre peuple et l'ignorance la
plus élémentaire des modes de circulation des produits, chez ces étranges princes qu'il s'est laissé imposer, et qu'il arriverait, pour peu qu'il voulût faire
usage de son bon sens, bien supérieur à leurs divagations, à chasser honteusement et humiliamment de
ses conseils au lieu de leur y dresser une tribune
pour tendre l'oreille et applaudir à leurs grotesques
mais dépravantes inventions ! Je passe sur l'ogrerie
personnelle qui est une question à vider de cuisinier
à cuisinier (*), et je viens à la liste civile, pour dire

(*) Du reste, si je suis bien informé, ces princes plébéiens ne se font pas
faute de bien vivre quand ils peuvent, et l'on ne devrait donc pas leur
faire un mérite de leur impuissance habituelle. Quant à ceux mêmes qui
garderaient cette sobriété cénobitique dans tous les cas et dans toutes les
positions, je ne m'enthousiasmerais pas d'eux pour cela, car il n'y a rien
tant à craindre que ces natures farouches, à sang brûlé par les veilles et
les privations. Ce n'est pas de ces ambitieux à visage joyeux et ouvert que
j'ai peur pour la chose publique, disait un Romain, c'est de ces mines
délabrées et de ces regards soucieux. Marat était frugal et passait sa vie
dans des souterrains, et hors de là, au sommet du pouvoir même, rien ne
l'aurait contenté ni rendu tranquille ; car il n'y a pas de belle habitation
qui puisse empêcher les bêtes fauves de s'y agiter et de viser à mal.

que, s'il y avait quelqu'un qui dût se réjouir et pro-
fiter de sa quantité, c'était précisément le peuple
de Paris au profit de qui elle se dépensait, et que,
s'il y avait quelqu'un qui dût se plaindre, c'était
le peuple de la province qui n'en bénéficiait guères.
Ceci ne me paraît pas avoir besoin de démonstration,
et l'antipathie qu'il est de bon air aujourd'hui d'avoir
contre cette forte concentration de capitaux et généralement contre les grandes rétributions aux fonctionnaires, provient, comme je l'ai dit, du peu de portée
que nous avons dans les sciences économiques et qui
nous fait regarder les riches comme les sangsues du
peuple, tandis qu'ils sont ses alimentateurs. Il n'y aurait
tout au plus que les avares et les enfouisseurs de trésor
qui mériteraient cette appellation, et encore pour peu
de temps, puisque leur trésor ne va pas avec eux en
terre, et qu'à père avare succède enfant prodigue, ou,
au moins, libéral et désireux de jouir. L'impôt en
masse ne devient dommageable à la chose publique
que lorsqu'il est arrivé à ce point d'absorber tous les
bénéfices et d'empêcher la formation de nouveaux
capitaux ; mais autrement, il est fécondant. En effet un
franc, par exemple, qui serait inutile ou peu profitable dans la bourse de chaque contribuable, multi-
plié par leur nombre, arrive à faire un capital immense qui se rend à l'industrie, à l'agriculture, et les
vivifie par les mains de la personne qu'on en a fait le

dépositaire ; car, à exactement parler, ce serait ainsi que l'on devrait nommer un riche, fût-il même roi. Chaque riche est, pécuniairement parlant, un nuage qui s'est formé de parcelles d'évaporation invisible et qui les rend à la contrée en une pluie bienfaisante. De même pour les gros traitements, on a cru faire une chose bien profitable au peuple-ouvrier en les supprimant ; on n'a fait que rendre plus irréparable sa misère, car quelle espérance de voir les ateliers de Paris reprendre toute leur activité et leur importance, si l'on n'y fait pas revenir les consommations auxquelles ils avaient à pourvoir ?

Ce sujet demanderait à être traité en longs détails par une personne plus spéciale que moi ; mais ces quelques lignes suffisent à mon but, et je ne les prolongerai que pour conseiller aux auteurs de ces sortes de traités, de ne pas tenter, comme dans une publication récente, de faire croire que le rétablissement des choses puisse arriver, avec des moyens quelconques, par enchantement ; il n'y a, au temps où nous vivons, ni enchanteurs, ni enchantés, ni résultat enchantant, et, jamais il n'y a eu plus d'inconvénients à des promesses trop belles.

Si l'on s'avisait de me demander ce que je pense de la république actuelle, je serais vraiment fort embarrassé ; car chacun y a pu voir depuis février tout ce qu'il a voulu et personne ce qu'il eût désiré ; ç'a été, selon une expression qui nous vient d'outre-Manche, un gouvernement anonyme. Jusqu'au 25 juin, il n'a été ni dans la chambre, ni dans le pouvoir exécutif, ni dans la garde nationale, ni dans les faubourgs ; il a été dans tout cela pêle-mêle, il a été dans les évènements ; depuis le 25 juin, je crois y voir un des attributs du pouvoir : la force ; mais je n'y vois et je crains de n'y voir que cela, trop exclusivement cela ; plaise à Dieu que je me trompe !

Mais cette partie de mon ouvrage doit avoir une conclusion pratique, et la voici : Si le peuple français (j'entends par là la France en général) partage les opinions que je viens de développer, qu'il use de sa grande voix légitime, légale, pour demander une terminaison monarchique. Ce serait par trop de pusillanimité ou de déférence que d'abaisser sa souveraineté devant l'infaillibilité si faillible de MM. Ledru-Rollin et Lamartine qui, après tout, sont ceux qui l'ont mis en république ; car cette fois encore, tout en phrasant fort haut et en protestant du plus profond respect pour son avis et ses droits, on a décidé sans lui, sachant fort bien qu'une chose décrétée a plus de force pour obliger même ceux qui ne l'approuvent pas, que cette chose simplement proposée. La France a jusqu'ici subi l'invention de deux ou trois députés et d'un gouvernement provisoire qui s'est nommé lui-même, et elle a eu raison, infiniment

raison, jusqu'à voir et apprécier clairement, jusqu'à
avoir assez d'éléments pour composer et dire son avis
aussi à elle. S'il n'est pas encore déterminé, qu'elle
attende qu'il le soit et jusque-là maintienne l'ordre
avec soin ; s'il l'est, qu'elle le dise! une nation ne
doit avoir peur de rien ni de personne. Mais comme
je ne suis pas un menteur, un diplomate d'insurrection, je la prie bien de croire que mes paroles expri-
ment toute ma pensée et que quand je lui recom-
mande les voies calmes et pacifiques, non seulement
je les trouve bonnes, mais je les trouve seules
bonnes, seules capables de ne pas faire manquer le
but qui est le bonheur et le droit de tous. Un résultat
enlevé au bout d'une émeute peut être renversé par
une autre ; un résultat surpris à la bonne foi et à la
confiance est détruit par cette bonne foi éclairée et
désabusée ; il n'y a d'inébranlable que ce qui se fait
à la face du soleil, en vue et au su de tous, que la
conspiration de tout le monde honnête et loyal enfin.
Je ne me permettrai pas de désigner un nom ; c'est à
mon pays à le prononcer en toute liberté de réflexion
et de notions exactes. Je lui dirai seulement que la
personnalité du premier chef d'une restauration qui
peut avoir à démêler son pays des mauvais filets de la
révolution, en même temps qu'à ne lui demander
de pouvoir et à ne lui imposer de restriction provisoire que ce qui est nécessaire pour la réussite, de-

vient d'une importance toute spéciale, et, que ce que je lui désirerais principalement dans le caractère, c'est une loyauté incontestable, du jugement plutôt que de la verve, pas de système préconçu trop arrêté, et surtout pas d'entêtement ; c'est, je l'ai déjà dit, le plus détestable défaut dans un personnage politique. Que le peuple choisisse librement entre tous ceux qui pourraient lui paraître convenables ; mais que, loin de se laisser influencer par des menées occultes d'un prétendant quelconque, ces manifestations insolentes soient un motif péremptoire de défiance et de refus. Je ne parle pas des cas de tentatives armées, elles sont exécrables, et il faut désormais laisser ce monopole aux héros des barricades de juin ; il n'y a pas un honnête homme qui voulût, aujourd'hui que le pays est en possession de se prononcer, se composer de cadavres un marchepied au pouvoir, et il n'y a de guerre civile justifiable que celle que l'on soutient pour la défense des principes éternels attaqués.

En finissant, je puis dire à mes compatriotes comme Montaigne disait à ses lecteurs : *ceci est un livre de bonne foi*. En voyant le noble et beau pays de France, cette terre où j'ai eu le bonheur, naguère universellement envié, d'avoir été placé par ma naissance et dont l'histoire, bien mieux que toute autre, m'a fait si souvent tressaillir et épanouir en mon âme au récit des exemples de la loyauté et de la valeur proverbiales de ses enfants, au souvenir de tant de gloires aussi gracieuses que grandes, de tant de hauts et purs apostolats de religion et de morale; en voyant ce pays de mes enthousiasmes et de mes enseignements descendre et descendre encore au milieu des nations, comme pour expérimenter jusqu'à quel degré il peut s'engloutir sans totalement disparaître; en voyant ses hideux déchirements et ses discordes, ses rébellions incessantes; en voyant la facilité inouïe avec laquelle son pauvre peuple, lancé hors de la bonne voie, pouvait être séduit, trompé et odieusement exploité par des misérables sans nulle recommandation ni de cœur, ni de talent, ni de moralité, ni de bienfaisance, en un mot de vertus d'aucune sorte, je me suis pris d'une incommensurable tristesse et j'ai cru, pendant quelque temps, n'avoir plus qu'à noyer mon cœur dans l'amertume insondable de ses regrets et de son désespoir. Ce n'est pas que je n'eusse en moi le sentiment des causes de notre effroyable cataclysme, car j'apercevais chez mes concitoyens un débordement général de prétentions irréalisables ou insensées; j'apercevais les autels du vrai Dieu délaissés ou visités sans croyances, à côté de ceux des idoles terrestres envahis par une foule avide et fiévreuse de convoitises. Mais à travers cette incroyable confusion de toutes les erreurs, dans le pêle-mêle de cette agitation bouillonnante, où trouver le guide infaillible non de quelques-uns seulement, mais de tous sans exception ? Existe-t-il, me demandais-je avec ferveur, une manière d'appréciation du bien et du mal commune à toute l'humanité, aux plus infimes comme aux plus hauts, aux plus pauvres comme aux plus riches, aux plus ignorants comme aux plus éclairés ? Oui ! m'a répondu mon cœur mieux encore que ma tête, oui ! et c'est dans la conscience développée par le bon sens. Voilà la règle des chefs pour leurs exigences ; voilà la règle des subordonnés pour leur soumission ; voilà la règle de tous pour leur conduite ; voilà la planche de salut offerte à chacun pour éviter le naufrage. Aussi bien, me suis-je dit en définitive, Dieu n'a pas pu faire des bonnes notions un privilége en faveur des seuls érudits ; si tous doivent être honnêtes, probes, c'est que tous par eux-mêmes le peuvent ; et, en effet, il a déposé en chacun de nous le livre de la vie écrit en caractères universels : consultons-le ; consultons-le, voilà le conseil et le mot par lesquels je terminerai.

Quant à moi, quel que soit le sort de cet ouvrage, quels que soient les animadversions ou les haines qu'il pourrait m'attirer de la part des mauvais Français, il n'est désormais au pouvoir de personne ni d'aucun évènement au monde de m'ôter les joies ineffables que j'ai ressenties à m'occuper du bonheur et du raffermissement de ma patrie, et à en conce-

voir encore la possibilité, ni la satisfaction d'avoir vu
cette possibilité dans des moyens qui ne demandent
ni une larme, ni une goutte de sang, ni indûment
un sou à un citoyen quelconque. Maintenant je puis
offrir, avec réserve mais avec confiance, mon âme
à juger à Dieu, et cet écrit à apprécier à mon pays.

La majeure partie de cet ouvrage était écrite avant
les épouvantables journées de juin. Depuis, je n'ai
eu rien à effacer de ce que j'y avais déjà mis, rien à
modifier de ce qu'il était en mon projet d'y mettre,
et, à mon point de vue, la prophétie de ces horreurs
était malheureusement si simple, que je n'ai eu aucun
mérite particulier à l'indiquer dans mes autres pré-
visions. De la dernière partie du livre on peut dé-
duire ce que je pense de l'état actuel de la France.
Voilà donc la majorité de mon pays en faction permanente contre la minorité ! Combien de temps cela
durera-t-il ? Voilà, il est vrai, au moyen de la con-
trainte militaire, l'insurrection contenue, mais l'ordre
n'est pas rétabli, il n'y a que le désordre empêché,
et, quelque grand que soit cet avantage, ce n'est
pas tout, ce n'est même que la partie la plus facile
de la tâche nationale ; car je suppose que nous vou-
lons, à la fin, la paix de la liberté et non la paix de la

tyrannie, quelque mitigée qu'elle soit. Eh bien, il faut
infuser cette paix d'abord dans les esprits, dans les
opinions, avant de prétendre à ce qu'elle se maintienne
d'elle-même dans les faits; il faut d'abord arriver à
ce point, que chacun fasse sentinelle contre sa propre ambition et ses propres passions déréglées. Sans
cela, la France est en réalité condamnée à une garde,
à un état de siége perpétuels, à une immobilité
absolue pour ses progrès, son bien-être intérieur
comme pour son influence à l'étranger. En effet, les
insurgés sont enfermés ou réduits à l'impuissance;
mais combien d'eux sont convertis ou désabusés?
Ouvrez la main qui leur serre les poignets, combien
d'eux ne recommenceront pas à l'occasion? Est-ce là
un état supportable? Est-ce là le bienfait définitif de
la révolution de février? de cette révolution surprise
au pays et à la garde nationale parisienne par M. de
Lamartine et M. Ledru-Rollin dans la chambre, et
par l'armée, plus audacieuse que nombreuse, de ce
lui-ci dans la ville? Est-ce là l'idéalité du *National* et
de ses hommes d'Etat? L'histoire n'a jamais vu,
l'histoire n'est destinée à revoir jamais un résultat
si nul au bout d'une perturbation si complète, et la
France ne sent-elle pas qu'il est plus que temps qu'elle
inflige de sa voix collective sa véritable appellation à
cette sanglante intrigue, immense par l'effroyable
désastre de ses effets, misérable par l'égoïsme et la

mesquinerie de ses motifs? Je crois fermement que ce temps est arrivé, et cette réaction générale de la province par ses gardes nationales sur le mauvais Paris m'en est un beau symptôme. Qu'elle dégage le mot caché sous cette manifestation et nous sommes sauvés. La main du soldat, pas plus que la main de la police, ne doit pouvoir fermer la bouche d'une vraie nation ; et pour la mienne, c'est bien trop longtemps déjà avoir pris son mot d'ordre au bureau d'un journal.

Ce n'est pas que je me défie du caractère personnel du chef du pouvoir, et que je méconnaisse l'importance du service qu'il a été appelé à rendre au pays. Ce n'est ni sa loyauté, ni ses intentions que je mets en doute ; je dis seulement que ces qualités, si magnifiques qu'elles soient, ne suffisent pas au gouvernement, et pour ma part, j'aurais été en juin plus complet admirateur de cette belle proclamation, de cette belle protestation de civisme, qui a plû à la France à bien juste titre, si je ne l'avais vue accompagnée du pénible contraste d'une violation tout à fait inutile et injustifiée de la liberté individuelle; d'une confiscation vraiment orientale de la propriété de deux journaux, exagérés sans doute, mais essentiellement conservateurs et moraux dans leur but et leurs doctrines, à côté de l'impunité et de la licence accordées à des feuilles subversives et qui étaient les véritables évangiles de l'insurrection. Je tiens à le

répéter, car la personne en est digne, je suis convaincu
de la parfaite loyauté du général Cavaignac, homme
si hautement estimable à tous égards ; quelqu'étrange
que cela puisse paraître, le bourdonnement de la
Presse et de *l'Assemblée nationale* était bien plus im-
portun à son oreille que celui de *la Réforme* et du
Représentant du peuple; mais je doute que l'oreille du
général fût sur ce point l'oreille de la France, et
qu'il ne s'y méprenne pas ; c'est un bill d'excuse et
non de justification qu'elle lui a donné par son silence.
Elle a souvent laissé les chambres et le pouvoir lui
enlever bien d'autres libertés, sans réclamation immédiate ; mais elle a porté sévèrement, trop sévèrement en compte tous ces excès, après qu'elle a eu le
temps de se reconnaître. Cette manière n'est pas la
plus généreuse et la plus digne, et je désirerais pour
mon pays qu'il criât aussitôt qu'on le blesse ; mais
malheureusement il n'a pas encore acquis la permanence de courage civique qu'il lui faudrait pour cela,
et qui le garantirait des bouleversements définitifs par
des rectifications instantanées, des révolutions désor-
données, par des réformes régulières. Il y arrivera,
je l'espère, quand son éducation publique sera faite
et quand sa vue politique aura plus de pénétration ;
mais en attendant, il faut étudier avec soin son tempérament actuel pour le bien comprendre et éviter la
terrible réaction de son réveil.

Que le général Cavaignac jouisse donc des hommages et de l'enthousiasme d'un peuple enclin dans son premier élan, à exagérer le sentiment et la récompense des services qu'on lui a rendus; mais qu'il soit prudent et que l'expérience lui serve de flambeau. Sa position personnelle si difficile, si impuissante, est celle de la France entière, actuellement arrêtée indécise entre les troubles, les exagérations et les pervertissements qu'elle craint des réformes sociales justement désirées dans une sage mesure, et la rentrée pure et simple dans les errements du passé, sans avoir rien appris, rien oublié. Si la France n'y veille, c'est l'ancien mouvement gouvernemental, sans plus de moralité, sans plus de principes, et par conséquent sans plus de stabilité, qui nous reviendra immanquablement; et quant au général Cavaignac, en particulier, je crains bien qu'il soit condamné par ses vues et ses sympathies politiques, comme par les conditions de son pouvoir, à ne nous montrer que le moins mauvais prince de la dynastie plus présomptueuse que capable (*) du *National*, qui a été si vite et si tristement usée à la pratique du pouvoir dans ses *autres représentants*.

(*) Je ne parle évidemment que de l'incapacité gouvernementale; car qui a, par exemple, une plus belle et plus aimable intelligence que M. Marrast, il a été, sans excepter même A. Carrel, le premier journaliste de l'époque; ses premiers Paris, dans le *National*, étaient des chefs-d'œuvre

Un autre fait très grave qui a eu lieu aussi depuis que j'ai terminé cet ouvrage, c'est le monstrueux discours du citoyen Proud'hon à la séance du 31 juillet. Il a excité à bon droit l'indignation de tous les honnêtes gens, ce dont son cynique auteur paraît, du reste, avoir pris déjà depuis longtemps son parti ; mais les révolutionnaires, pour être conséquents, ne peuvent le condamner que comme moyen et non comme but. Car c'est celui auquel ils visent tous, celui qui forme leur raison d'être politique : l'envahissement ou la démolition, par ruse ou par force, de toutes les positions sociales au profit exclusif de la classe démocratique. Je devrais, pour parler plus étroitement et plus exactement en même temps, dire : au profit exclusif de la classe ouvrière, car nos grands réformateurs, et c'est là un fait aussi curieux que général, ne raisonnent, ne calculent, ne stipulent que pour cette catégorie de citoyens, et ne semblent pas se douter qu'il y ait d'autres intérêts et d'autres situations légitimes dans le monde. Ce sont des génies d'entre-barrières, dont la vue intellectuelle est bornée, comme l'étendue matérielle de Paris, par le mur d'enceinte.

Sous la dénomination de *République démocratique*, il y a le désir de cette absorption où il n'y a rien, et

---

de verve, de coloris et d'ironie accablante, et certes ce n'est pas là une mince et facile gloire.

j'admire, quelque peu stupéfié cependant, la magnanimité et l'abnégation avec lesquelles les chefs de ce parti tirent depuis février sur leurs propres troupes ; au point que bientôt il n'en restera plus que les généraux ou peut-être même le général, sans armée. On ne peut pas mettre une meilleure grâce à s'exécuter dans les principaux pour ne pas dire les seuls représentants de ses idées, car, une fois le personnel du parti réduit aux hommes d'Etat du *National*, je demande quelle vue nouvelle il possèdera ? Quel système particulier, politique, social ou seulement administratif il recèlera ? Quelle classe de la société il représentera ? En quoi enfin la direction de cette dynastie différera essentiellement de la direction de la dynastie déchue, qu'elle a si résolûment remplacée ? Lorsque, dans le passé, on demanda à M. de Rémusat ce que l'on gagnerait à un changement de ministère, il répondit : C'est le même air que nous jouerions, mais nous le jouerions mieux. Ici nous pourrions dire, c'est le même air que vous joueriez, mais vous le joueriez infiniment plus mal et sur un instrument brisé que vous êtes incapables de réparer.

Il y a dans les tendances actuelles, ou une bien robuste illusion arbitraire, ou un sacrifice et un *meâ culpâ* bien généreusement patriotiques. Dans l'un ou l'autre cas, la France doit se réjouir, car elle aperçoit enfin le désir de calmer partout la tempête, même chez ceux qui l'ont déchaînée, et du moment où ce besoin sera encore un peu plus généralement senti, elle saura bien choisir et exiger la forme gouvernementale définitive, qui seule peut faire arriver au résultat.

En attendant, le *National* persiste à soutenir le *droit positif au travail*, et ceci prouve que les hauteurs du trône donnent fatalement le vertige à toutes les dynasties; car, comme l'a fort bien dit Proud'hon, le plus rigoureux dialecticien du parti, c'est là une des formules de la révolution sociale poursuivie depuis février. Ou ce principe dans la constitution serait un leurre, ou, s'il y était inséré sérieusement, ce serait précisément à ceux que le *National* renie et fait proscrire que devrait revenir le pouvoir, pour exécuter ce qu'ils ont, seuls ou mieux que les autres, expliqué et conçu.

Le droit au travail est le second anneau de la longue chaîne de sophismes des révolutionnaires dont le premier est formé par l'axiôme de Syeyès cité dans le courant de cet ouvrage, et dont le point d'attache est une grossière erreur philosophique. Cette erreur consiste à établir en principe que le but de l'homme sur la terre est de *travailler*, d'être manouvrier, tandis qu'il est de *s'occuper*, d'occuper ses facultés ; ce qui, on le voit, est d'une toute autre ampleur et d'une toute autre variété. *Le travail* n'est qu'une partie spéciale de ce dont *l'occupation* est le tout.

Les socialistes, soit artifice, soit ignorance, multiplient ainsi dans leur style le manque de précision des termes ; de sorte qu'avec eux, il y a plutôt querelle de mots que d'idées, et qu'une simple rectification grammaticale suffit souvent à faire écrouler l'échafaudage de leurs raisonnements.

Un autre principe de l'école, qui, au reste, est peut-être plutôt un moyen de tactique qu'une conviction, consiste à poser qu'il n'y a pas en droit de fortune particulière ; que la propriété est sociale, est à l'entière disposition de ceux qui ont pu ou pourraient parvenir à se pousser au gouvernement, pourvu qu'ils aient l'attention de lancer leurs décrets spoliateurs *au nom du peuple français*. Au moyen de cette mauvaise et impudente plaisanterie, il semble que l'on puisse tout se permettre chez nous désormais et que l'on y ait oublié qu'il y a des droits essentiels, constitutifs de toute société humaine, dont même le consentement du peuple, à supposer qu'il fût aussi réellement obtenu, qu'il est insolemment et indignement affiché, ne saurait légitimer la violation ; car les principes qui servent de causes à ces droits sont donnés à l'humanité par Dieu et non par les hommes qui ne peuvent essentiellement rien contre eux. Ainsi, par exemple, Proud'hon arriverait-il à obtenir l'autorisation de prendre aux possédants le tiers de leurs biens pour pouvoir les dépouiller du reste, que l'action n'en demeurerait pas moins à jamais une horrible iniquité doublée d'escroquerie ; car sa manière avec les possédants, qui actuellement seraient les plus forts, s'ils faisaient résistance, est celle-ci : « Laissez-nous vous tondre du tiers de votre toison, leur dit-il, ce sera pour en préserver et améliorer les deux autres tiers. » Si cette finesse, dont l'inhabileté ne retire pas l'ignoble perfidie, pouvait réussir, alors il lèverait le masque et dirait hardiment : « Je ne vous ai demandé ce tiers qu'afin d'acquérir la force suffisante pour vous dépouiller du reste, et maintenant, j'y procède bon gré mal gré.

Eh bien, aucune autorisation au monde ne pourrait légitimer ni justifier une telle spoliation ; car le droit de propriété n'est ni national, ni social, et, à ce titre, l'État ne peut y avoir nulle prétention. Rien, en effet, ne saurait faire que je ne sois pas le créateur, l'améliorateur de ma fortune ou la survivance incarnée, l'intime remplaçant de ce créateur, le fils de mon père, en un mot. Est-ce de cet être collectif, de cet être de raison nommé état, société, et compris à sa manière particulière par chaque systématique, que je tiens, à une époque quelconque, ma fortune ? Nullement, je ne la tiens que de mon travail, de mon industrie, de mes échanges, de la récompense de mes services personnels ou du travail, de l'industrie, des échanges, de la récompense des services personnels de mes ancêtres, en un mot que de moi ou des miens. Qu'est-ce que l'*être social* a donc à y réclamer? On voit que l'ensemble des fortunes particulières forme la fortune additionnée de la société, mais non la *fortune sociale*, qui est une chimère aussi absurde que dangereuse.

La haine que porte cette école *au capital* et que Proud'hon, pour être jusqu'au bout conséquent, étend *à l'épargne*, ne provient que d'un sentiment de barbare et aveugle jalousie; car tout capital a commencé par être un revenu, et est le produit d'un travail prochain ou éloigné, d'économies opérées, dans le passé, sur des salaires. La propriété en devrait donc être, aux yeux mêmes des socialistes, aussi pure que celle du salaire du travail immédiat dont il n'est que l'accumulation. Si vous voulez empêcher le capital, proscrivez l'épargne comme fait Proud'hon. Il n'est plus horrible que vous, que parce qu'il est plus complet, que parce qu'il veut achever ce que vous n'avez le courage que de commencer, que parce qu'il peut, lui, avoir une monstrueuse conviction; tandis que vous autres, vous n'avez que de l'ambition personnelle et que vous ne tenez qu'à déblayer suffisamment la place au sommet, pour vous y installer.

Si, en effet, vous admettez la légitimité de l'épargne, vous admettez implicitement la propriété, son hérédité qui n'est que la continuation de son accu-

mulation et, en définitive, tout l'étagement actuel de
la société ; car de quel droit et sous quel prétexte
voudriez-vous ensuite assigner des limites à cette faculté ? Direz-vous que celui qui épargne pour vingt-
quatre heures est un honnête démocrate et que celui
qui épargne pour vingt-quatre ans est un voleur aris-
tocrate ? La vertu consistera-t-elle, selon vous, à épargner assez pour acheter une veste, et la dépravation à
épargner assez pour acheter un habit ; à épargner
assez pour faire bâtir un pignon, ou à épargner assez
pour faire bâtir une maison entière ? Vous voyez bien
que c'est Proud'hon qui est votre maître à tous, en
fait de logique.

Il est vrai qu'avec son système il n'y aurait plus
bientôt ni aristocratie, ni démocratie, il n'y aurait plus
de société. En effet, s'il parvenait, selon ses désirs, à
priver d'intérêt le capital, il ne deviendrait pas maître
pour cela de celui qui est aujourd'hui accumulé en
numéraire ; il le forcerait seulement à aller chercher
son placement à l'étranger : de sorte qu'il ne resterait
plus, en France, que des capitaux immobiliers ou
sous formes de produits confectionnés. Mais, comme
après tout, ce serait des capitaux, des accumulations
d'épargnes, des propriétés, enfin, ils seraient illicites
et alors l'État, personnifié sans dou'e dans Proud'hon,
s'en emparerait et en règlerait à son gré l'usage et
les transformations, les échanges, et ainsi rentrerait

dans le système de M. Louis Blanc, avec l'égalité de salaire et la comédie élective de moins ; ou bien, ce qui est plus probable, la bande des sectaires, procédant immédiatement *à la liquidation*, chercherait à s'en faire une distribution telle qu'elle. A toutes forces d'imagination, on conçoit cette répartition possible par portions à peu près égales, pour ce qui regarde les produits confectionnés ; mais elle devient extravagante, même théoriquement, pour les immeubles. En admettant cependant ce résultat obtenu d'une manière merveilleuse quelconque, l'homme réduit à son infime quote-part, ne pouvant ni acquérir, ni épargner pour la compléter et l'élever à l'état d'une chose utile à son usage ou à sa conservation, serait plus misérable que le sauvage que rien ne force, au moins, à se contenter de la moitié d'un coco, quand le fruit entier est nécessaire à sa faim.

Et voilà cependant où aboutirait, dans son application rigoureuse et complète, le système de ce génie financier que quelques-uns admirent, du moins à ce point de vue, et qui se croit permis de prendre ses airs de burlesque dédain envers M. Thiers, son antagoniste. En vérité, ne vous laissez pas décontenancer par l'insolente morgue de ces gens-là, passez outre pour examiner ce qu'ils cachent dessous, et vous serez étonné des misérables pauvretés qu'ils enveloppent si superbement !

Le citoyen Proud'hon est à ce point neuf dans les matières sur lesquelles il dogmatise avec tant d'aplomb, qu'il montre dans son discours ne rien comprendre au crédit. « Le crédit, y dit-il, s'adosse à des *réalités*, à des *hypothèques*, non à des *sentiments*, à des *hypothèses*. » Il s'y adosse, c'est vrai ; mais il ne s'en constitue pas. Le crédit, quoiqu'il en puisse penser, est un véritable *sentiment* de confiance dans la possibilité de reprendre sur ces réalités ses avances, au cas où l'emprunteur ne pourrait ou ne voudrait pas rembourser autrement ; le crédit consiste donc, non dans le gage, mais dans l'assurance qu'a le prêteur du droit absolu sur ce gage, jusqu'à concurrence du montant de son prêt. M. Proud'hon ne trouverait pas un sou sur la garantie des mines du Pérou, qui sont cependant une fort belle réalité, parce qu'il ne peut nullement disposer de ces mines ; ne trouverait pas un sou sur la garantie de tout le territoire français, parce que, quand il dirait qu'il peut en disposer comme propriété sociale, on lui rirait au nez. Le crédit s'appuie essentiellement sur le droit de propriété individuelle, et il y a folie à penser qu'on obtiendra le premier après avoir nié le second, et, pour rentrer dans le sujet spécial du discours, n'est-il pas curieux de voir ce singulier divagateur prétendre à inspirer confiance aux créanciers pour le crédit à venir en commençant par les frustrer du tiers de leur dû dans le crédit qu'ils ont déjà fait!

Dois je m'arrêter sur cette bouffonnerie, *que la consommation de chaque individu peut devenir infinie?* il n'avait pas besoin d'aller jusque-là pour faire trouver son discours une véritable œuvre de démence.

En résumé, réduits à la partie purement financière et économique, les systèmes des socialistes sont pitoyables. Ce n'est pas là qu'est le danger de leurs livres: il existe, comme je l'ai déjà dit, dans l'excitation des mauvaises passions et des convoitises physiques chez des masses souffrantes et avides de soulagement, dans le pervertissement des notions de la justice et du droit, dans l'inique division qu'ils font des citoyens en spoliés et en spoliateurs, et jusque dans ces habitudes de style, sur lequel on dirait qu'ont déteint des rêves rouges. Ainsi, Proud'hon ne parle que de tuer; la Chambre a tort de rire, car il la *tuera*; il ne veut pas *tuer* M. Thiers, car sa mort ne le satisferait pas.... Voyez le glouton, elle ne le satisferait pas, même après celle des Négrier, des Duvivier, des Bréa, etc., etc., etc., tous braves gens qui ne pensaient guères donner leur vie pour des voleurs et être un tant soit peu voleurs eux-mêmes; même après celle de tant de victimes égarées derrière les barricades par l'instigation de leurs détestables professeurs de droit et dont le sang faisait battre des cœurs mille fois meilleurs, peut-être, que celui de l'homme de qui

les doctrines avaient tant contribué à les pousser dans
la lutte ; de cet homme qui allait assister au spectacle
de leur mort avec la tranquillité curieuse des anciens
Romains, aux combats de leurs bêtes fauves dans le
cirque. Et c'est pour les idées, pour les intérêts de pareilles gens que des milliers de citoyens se révoltent
et s'entretuent. Pauvre sagesse humaine! pauvre humanité !

NOTE.

(A) Tout le monde se souvient des différends de la France et du
Mexique, qui aboutirent à la glorieuse prise du fort Saint-Jean-d'Ulloa,
par l'amiral Baudin. Ne voulant user qu'à la dernière extrémité des
voies de rigueur, nous nous contentâmes d'abord et pendant longtemps
de mettre les côtes de ce pays sous blocus ; nous avions en vue par là
d'amener les Mexicains à composition, en empêchant avec eux tout
commerce et en épuisant leurs douanes, principale source de leurs re-
venus publics ; ce sont là les conséquences déterminantes d'un blocus.
Le nôtre fut dénoncé à toutes les nations et reconnu par elles. Dans un
tel état de choses, la puissance qui bloque a le droit rigoureux d'in-
terdire toute communication avec les ports bloqués ; mais notre chef
de division, M. Bazoche, voulant concilier les devoirs de son service
avec les procédés dont savent user entre elles des nations civilisées, et
dont la France a fourni au monde les plus constants et les plus généreux témoignages, laissa l'autorisation aux navires de guerre étrangers d'avoir des rapports avec la terre. Les Anglais en usèrent
loyalement et discrètement ; mais les Américains profitèrent de cette
facilité pour convertir leurs navires de l'État en navires de commerce
et faire les fraudeurs au profit de leurs marchands. Ce premier fait
n'est encore presque rien ; ils nous avaient accoutumés à ne pas nous
étonner de bien plus ; mais en voici un second plus complet et plus
édifiant. Malgré la connaissance du blocus, leurs bâtiments marchands
chargeaient à la Nouvelle-Orléans surtout pour le Mexique, et ils guet-
taient, une fois sur la côte, le moment de l'éloignement ou d'une aut-

occupation du croiseur français, pour donner dans le port prohibé.
C'est ainsi que, pendant l'absence de notre brick *le Laurier*, commandé
par M. Duquesne, une de leurs goélettes parvint à entrer à Matamoros.
Notre croiseur, à son retour, l'y aperçut et le commandant se promit
de neutraliser les profits de sa fraude en l'empêchant de sortir, car ce
navire était de bonne prise depuis sa violation des règles de l'embargo;
mais son capitaine, qui savait fort bien ce qu'il encourait, se déter-
mina à venir trouver M. Duquesne : « Commandant, lui dit-il de son
air le plus convaincu, je savais bien que le blocus était déclaré, mais,
foi d'honnête homme, je le croyais seulement établi pour la Vera-Cruz
et Tampico, et non pour ce malheureux petit port, et, d'ailleurs, je
pensais que tant qu'il n'était pas gardé effectivement, l'entrée en était
permise; avec cette opinion-là vous jugez bien, commandant, qu'un
négociant devait rechercher les possibilités de son commerce, c'est
notre métier et notre service, à nous. » Et puis, vinrent la confraternité
des deux peuples, les souvenirs de l'indépendance, la liberté, Lafayette;
bref, M. Duquesne se laissa aller et lui dit qu'il consentait, vu sa bonne
foi, à ne pas confisquer son bâtiment, mais que cependant il ne pouvait pas prendre sur lui de le libérer définitivement, qu'il lui fallait le
faire conduire à la Vera-Cruz, chef-lieu de la station où le commodore,
M. Bazoche, sur ses renseignements, le relâcherait aussitôt (et cela
était certain). Cette décision éloignait l'Américain de cent cinquante
lieues de sa route, car la Vera-Cruz est à cent cinquante lieues au sud
de Matamoros, tandis que la Nouvelle-Orléans, destination de la goëlette, est à peu près à la même distance dans le nord; mais elle était
une insigne faveur en comparaison de la confiscation qui eût été de
droit strict; aussi le capitaine l'accueillit-il avec de grandes démon-
strations de gratitude. La goélette sortit donc du port et, en simple
accomplissement des formes militaires, M. Duquesne mit à bord un
détachement de neuf matelots français, sous les ordres d'un jeune officier, M. Le Coat (depuis noyé dans le naufrage du *Berceau*), à qui il
dit que ce n'était que pour la régularité de la chose qu'il le faisait
aller sur ce navire, et il recommanda de traiter l'Américain comme un
ami, non comme un prisonnier, et de lui laisser même la direction de
son bâtiment. L'officier français était homme à comprendre l'esprit
de ces observations, mais sa générosité d'âme lui fit dépasser les limites
de la prudence. Il laissait la manœuvre du bâtiment tout-à-fait libre, se
contentant de tenir ses matelots armés; ce reste d'appareil lui pa-
raissant encore devoir blesser, par un air d'injuste défiance, le loyal
capitaine, il alla à lui. « Mon cher ami, dit-il, je répugne à cet aspect
de surveillance envers un homme comme vous, et je veux en finir

tout-à-fait sur ce point ; donnez-moi votre parole que vous ne ferez pas
fausse route, que vous vous rendrez à Vera-Cruz où nous nous dirigeons,
alors je désarme mes gens et nous vivrons, à partir de ce moment,
tout-à-fait en dignes et vrais camarades. » La parole fut donnée et re-
donnée avec joie, comme bien l'on pense. « Moi, faire fausse route !
moi, reconnaître ainsi les bontés de votre commandant et votre si
belle confiance ! mais y pensez-vous ! je serais un être sans cœur, un
être à couvrir de mépris. » Le désarmement des matelots eut lieu, la
nuit vint, et M. Le Coat se retira dans sa chambre sans nulle appré-
hension ; mais le lendemain, quand il voulut remonter sur le pont, il
trouva que toutes les portes avaient été barrées ou clouées en dehors
et il sut que ses hommes désarmés, sous le prétexte de fraterniser
avec l'équipage étranger, avaient été enivrés et, en cet état, étroitement garrottés. Le navire fit route sur la Nouvelle-Orléans. On avait
laissé à la chambre de M. Le Coat une petite ouverture libre par laquelle le capitaine venait encore essayer, avec des lazzis ironiques, de se
justifier et proposer des vivres, mais notre noble jeune homme indigné
se résolut à mourir de faim plutôt que d'accepter le moindre aliment
de la main qui lui en offrait et resta ainsi trois ou quatre jours sans
manger. — Arrivé à la Nouvelle-Orléans, il s'attendait, et il devait
bien s'attendre, du reste, à avoir justice et à trouver la réprobation
d'une telle infamie dans le cœur de tous les honnêtes gens ; ce fut de
la dérision et des plaisanteries ignobles qu'il y rencontra. « Voyez donc,
s'entre-disaient ces dignes républicains, notre capitaine un tel, qui
vient d'échapper à la croisière ! figurez-vous que le Français l'a laissé
libre sur sa parole ! — Bah ! mais c'est incroyable. — Figurez-vous que,
maintenant, le Français réclame contre ce qu'il appelle la violation d'un
engagement sacré. — Oh ! pas possible, violer quoi ? une parole ! Qu'est-ce
que cela, en style commercial ? Où est-ce coté à la bourse ? Ah ! les
Français ! qu'ils viennent se frotter à nous ! Neuf d'entre eux et un officier pris par cinq des nôtres ! » Voilà quelques-unes des gentillesses de
ces braves ; elles ne tarissaient pas ; et, à ce souvenir, il n'y a pas encore de bon Américain qui ne s'épanouisse de jubilation, car ce sont
de ces exploits tout-à-fait dans le goût du terroir. Ce navire, qui était
devenu propriété française, fut réclamé, à ce titre, au gouvernement
de Washington, qui, il faut le reconnaître hautement, fut indigné de
cette félonie et envoya à la Nouvelle-Orléans ordre de restituer ce vol.
Hélas ! il avait compté sans les institutions libérales des États particuliers ; le gouvernement de la Louisiane décida qu'on n'obéirait pas à
l'injonction centrale, et on n'y obéit pas en effet ; le navire ne fut pas
rendu. Voilà, j'espère, des rouages de gouvernement modèle, ô Français, courons donc vite aux leçons !

Précisément à la même époque, l'auteur de cette note était envoyé dans un but analogue, sur une autre goëlette aussi arrêtée en violation de blocus; mais, cette fois, le commandant du croiseur français avait pris sur lui, d'après l'indulgence qui était la règle générale de nos opérations, de ne le confisquer ni de l'expédier au chef-lieu de station; seulement, il le força à s'éloigner de la côte et à remonter vers la Nouvelle-Orléans. A son bord, on essaya aussi quelques ouvertures non pour le désarmement des hommes, mais pour l'omission des factionnaires que nous tenions au timon d'une manière permanente; ce fut inutile; nous répondions que ce n'était pas par défiance, que d'homme à homme nous nous serions complètement rapporté à eux, mais que les devoirs militaires avaient des formalités qu'il était d'un mauvais service de négliger, même dans les cas qui sembleraient demander le moins leur exigence. Après cela, nous fûmes ensemble, nous devons l'avouer, en termes très-cordiaux, à tel point que ce capitaine, arrivé à la Nouvelle-Orléans quelques jours après la goëlette de M. Le Coat ne pût s'empêcher de désapprouver hautement cet acte de perfidie barbare; mais il fut traqué par ses compatriotes, on courut sus, et il fut obligé de chercher un réfuge dans le quartier français.

FIN.